ZenArt Ed...

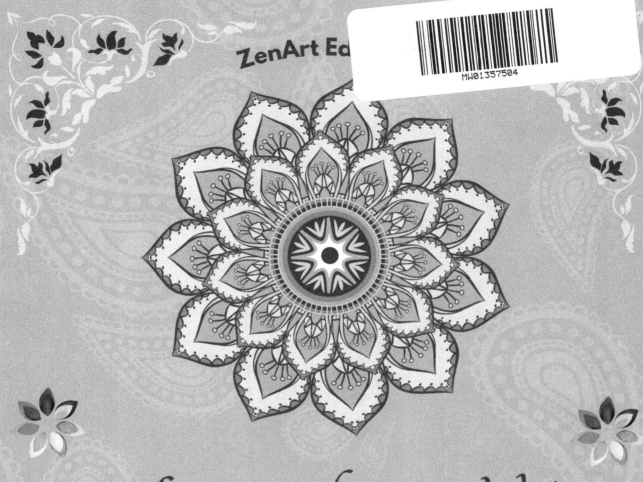

75 fantastische mandala's om in te kleuren

Het definitieve boek over kunsttherapie

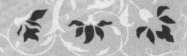

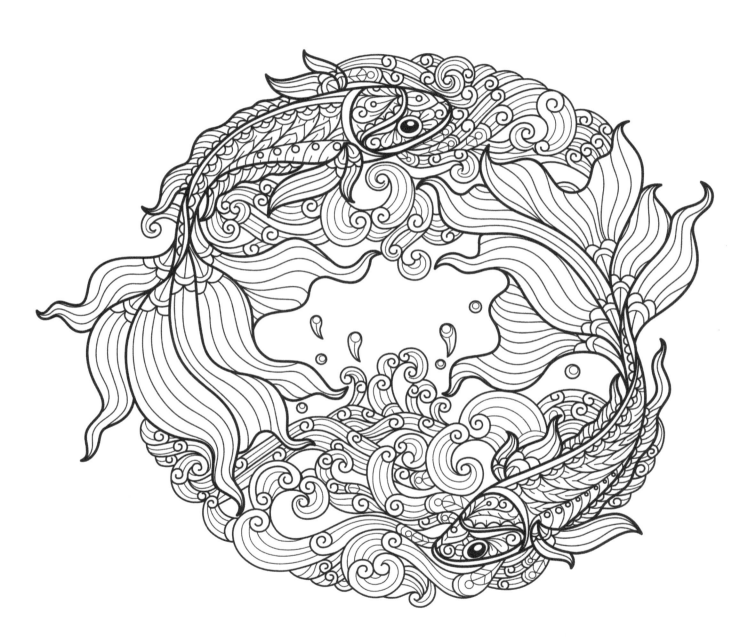

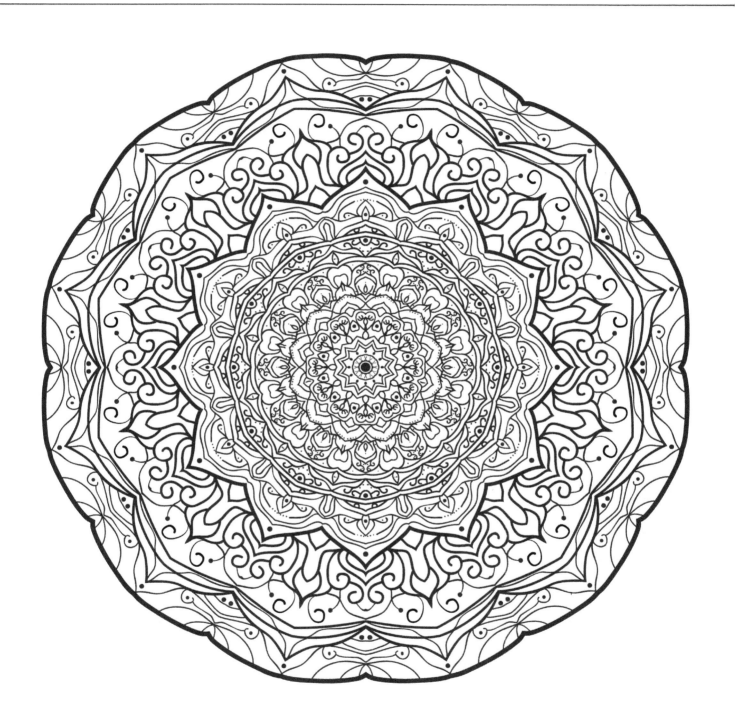

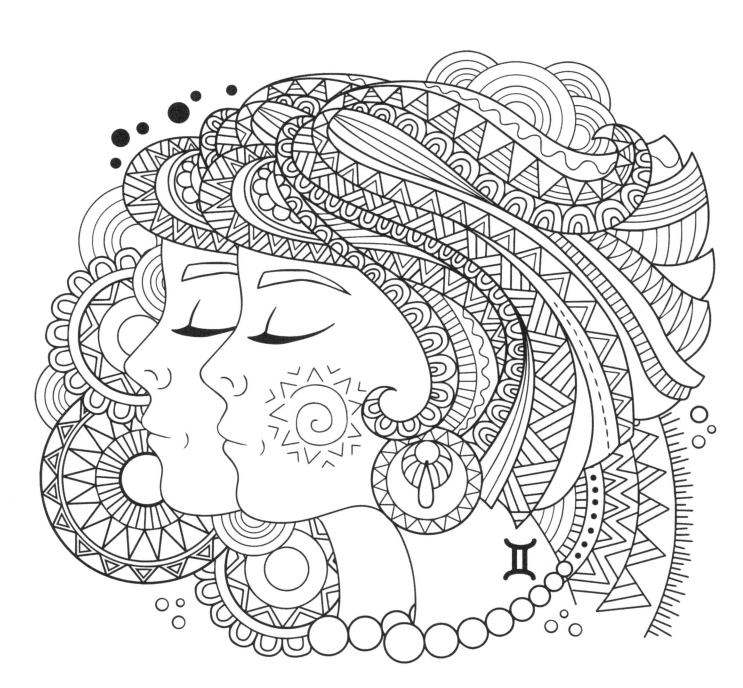

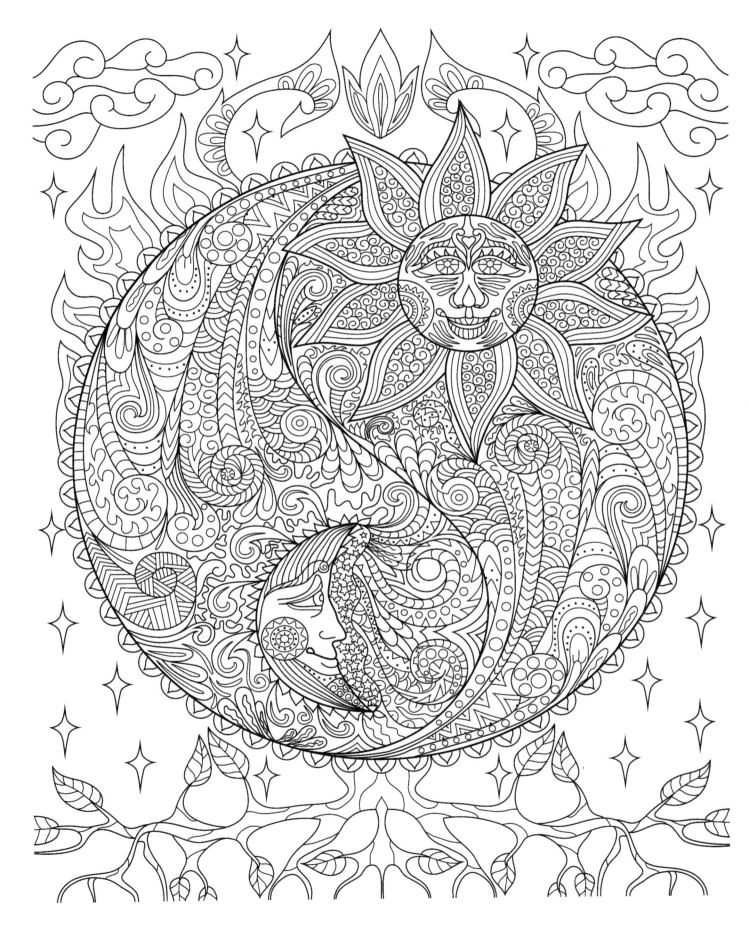

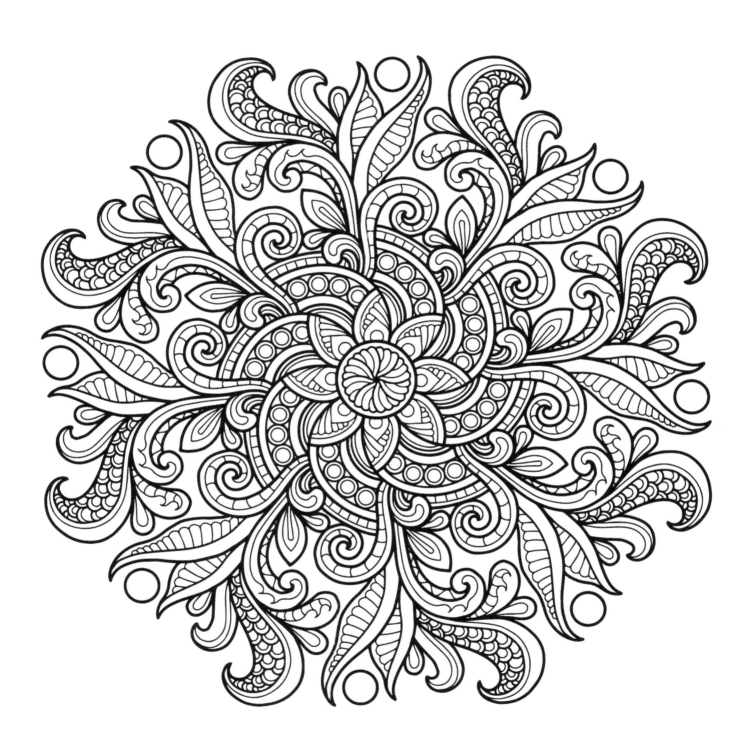

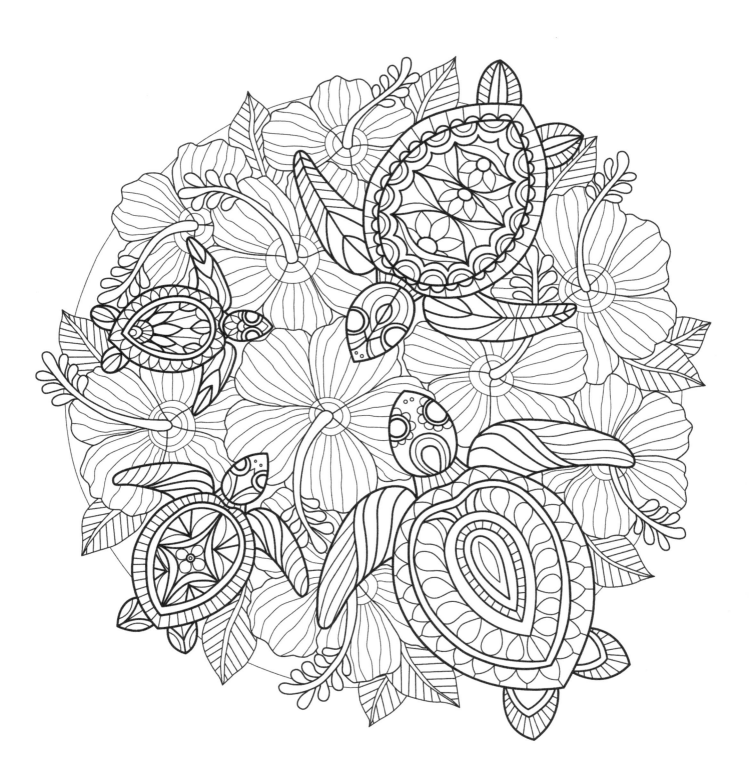

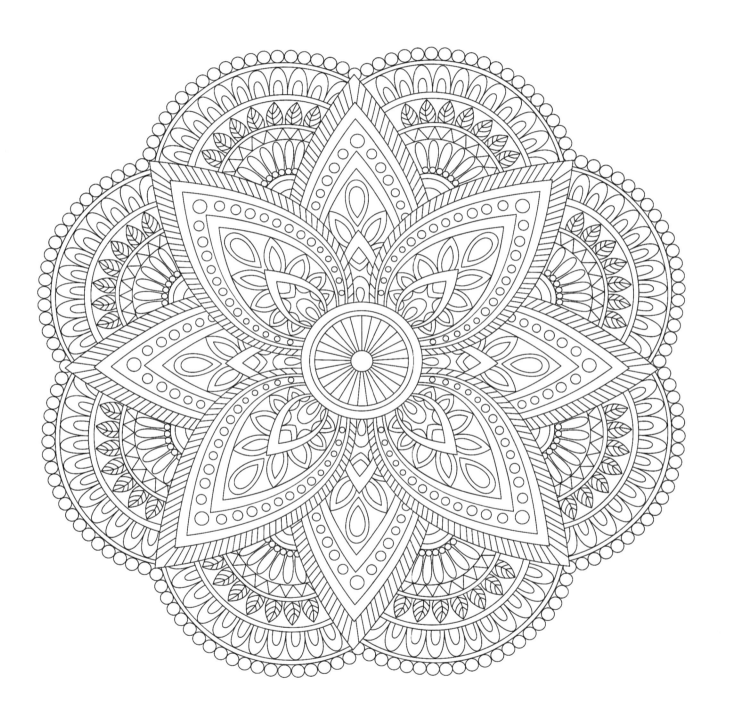

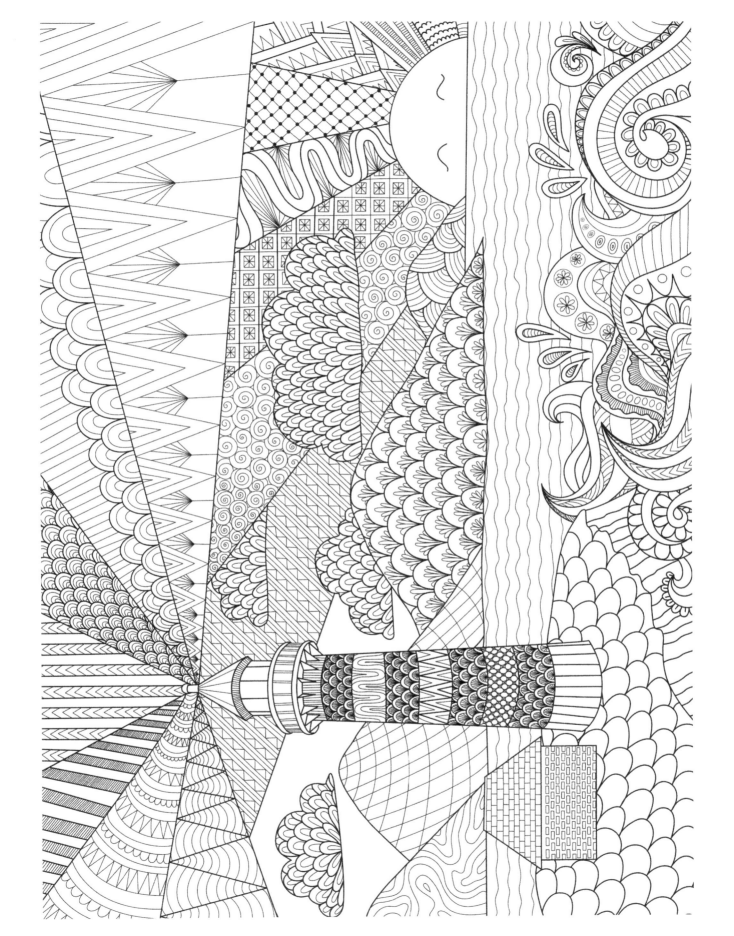

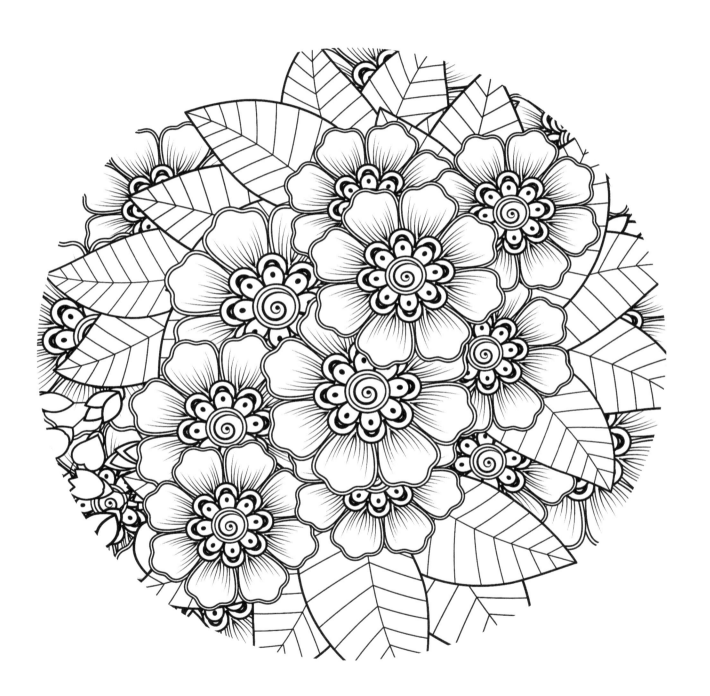

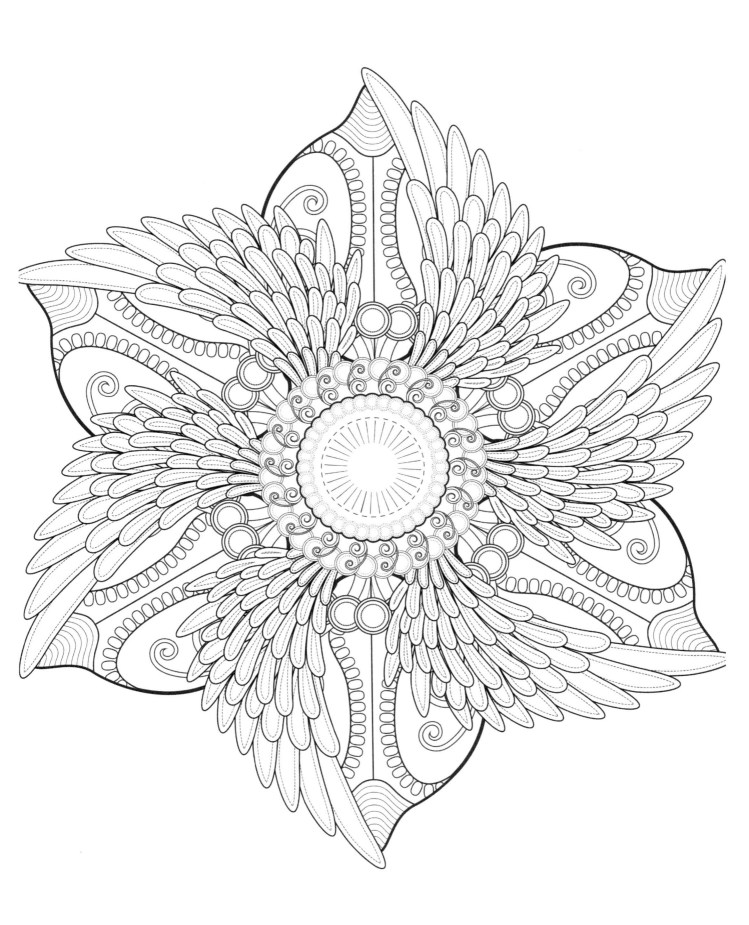

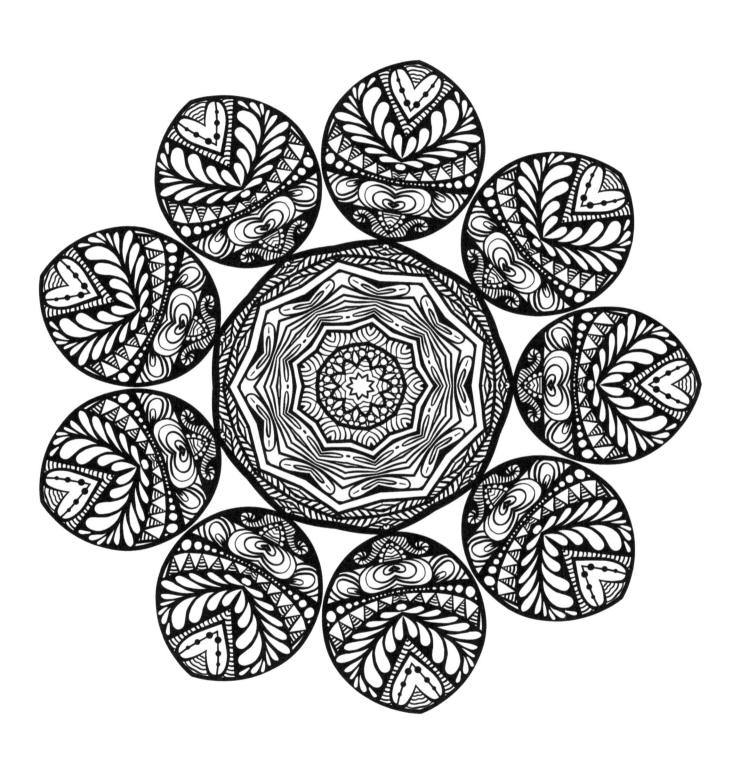

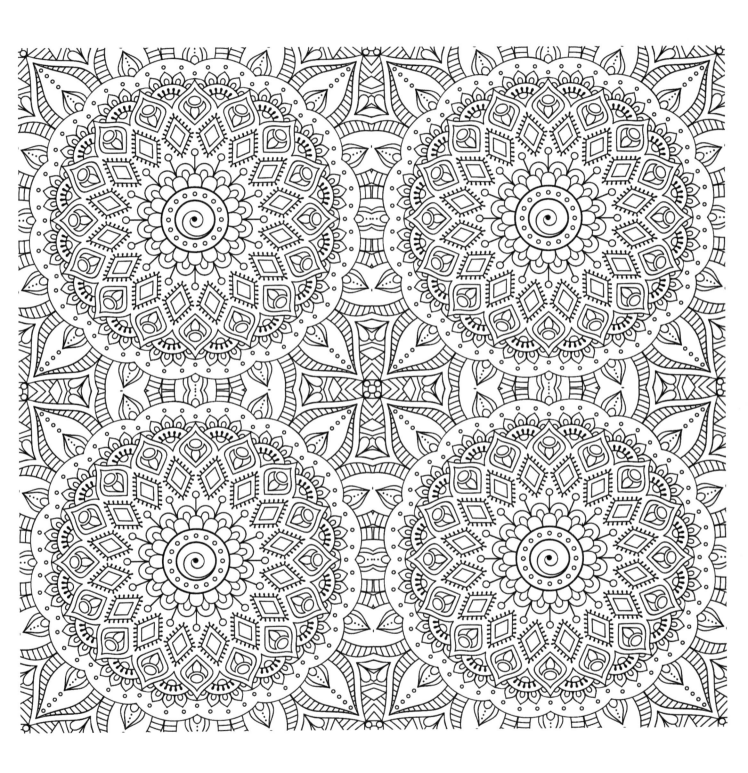

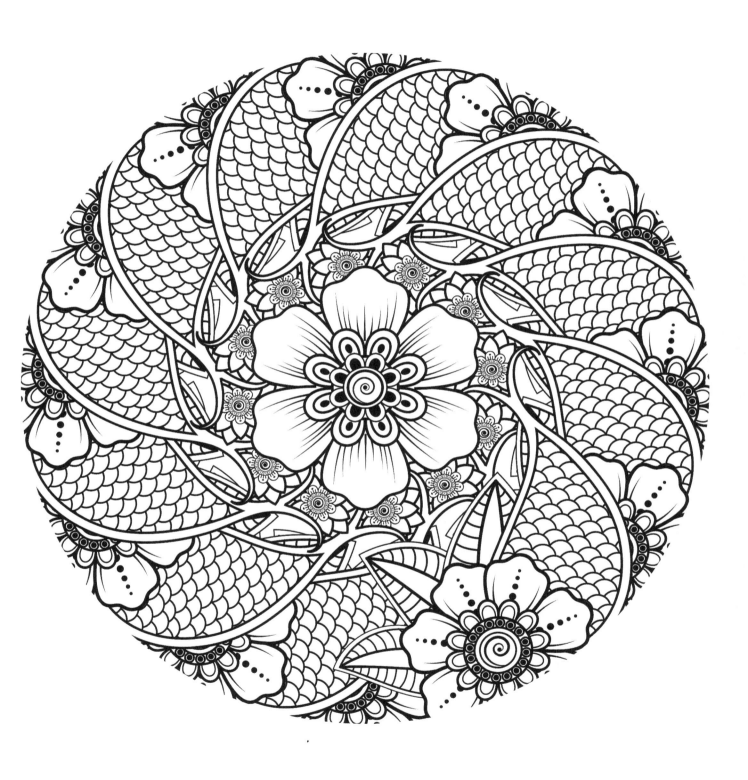

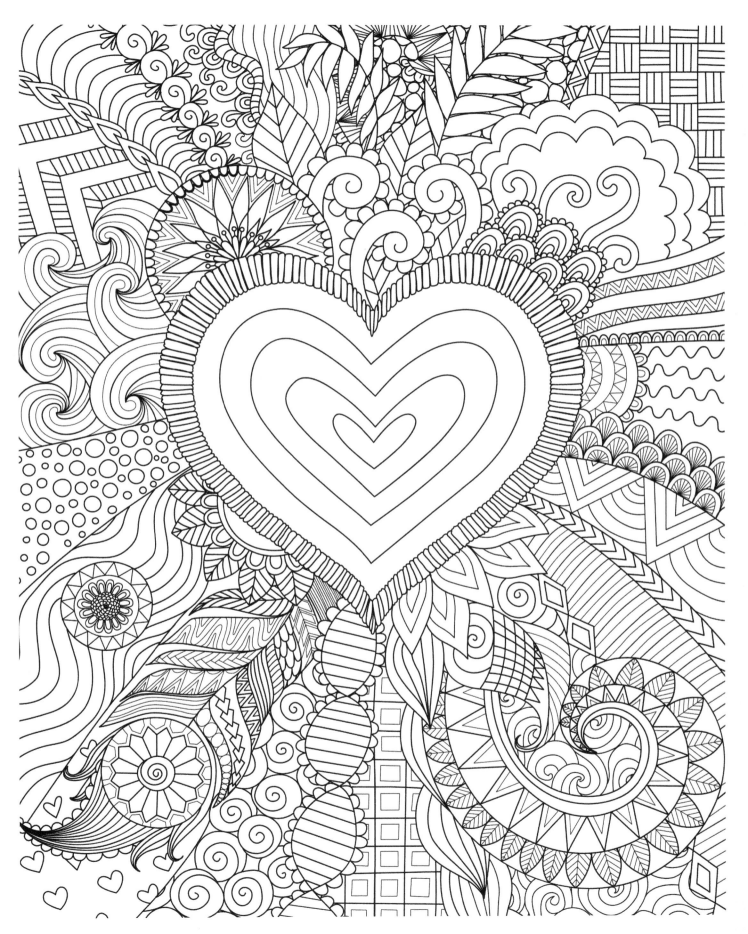

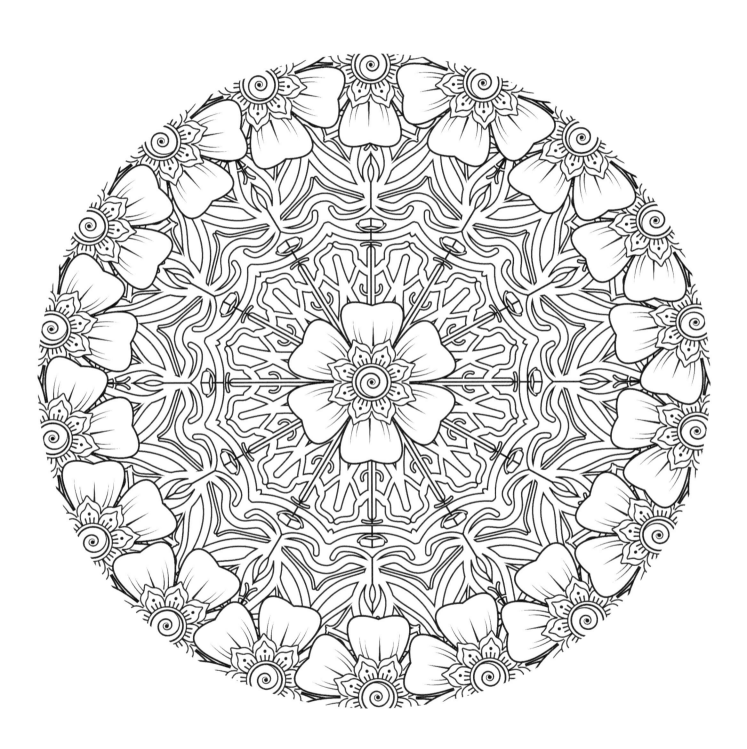

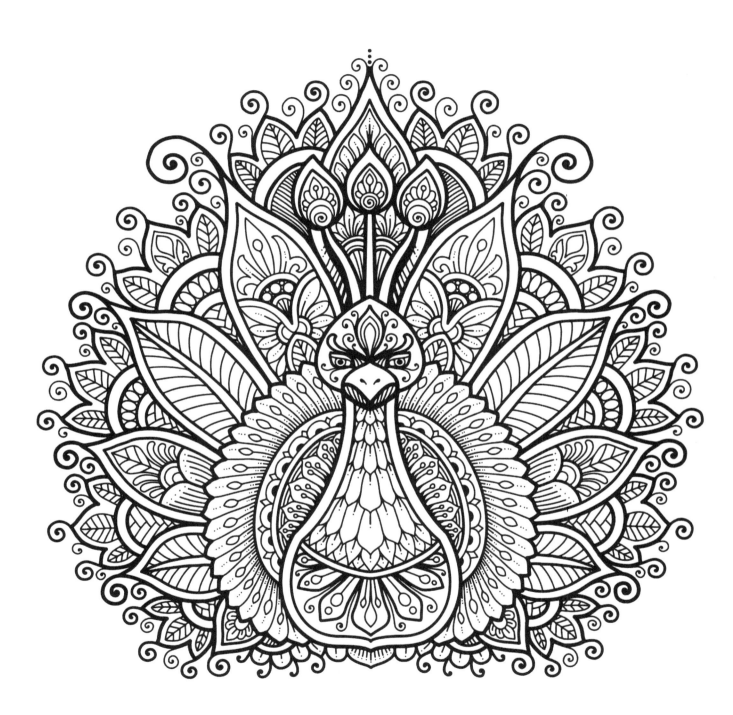

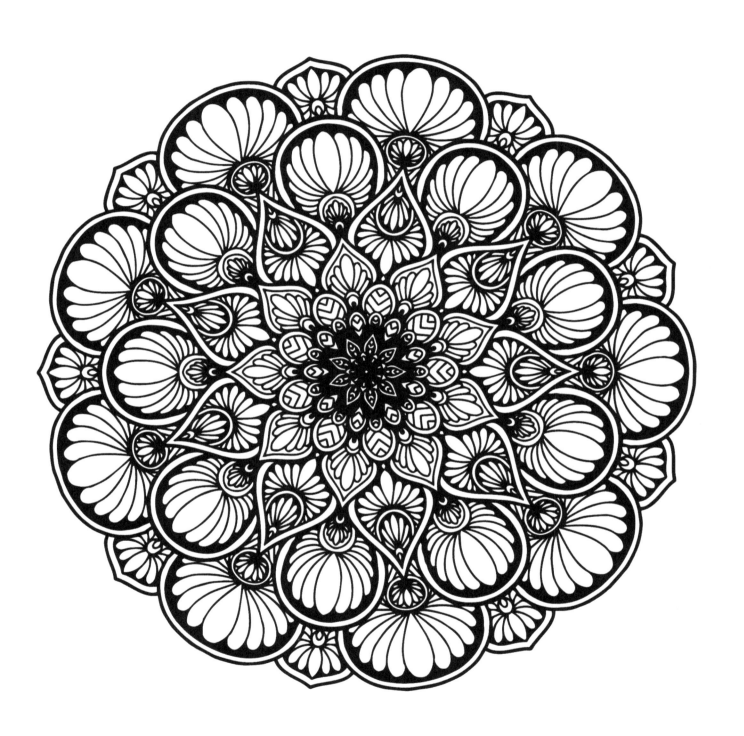

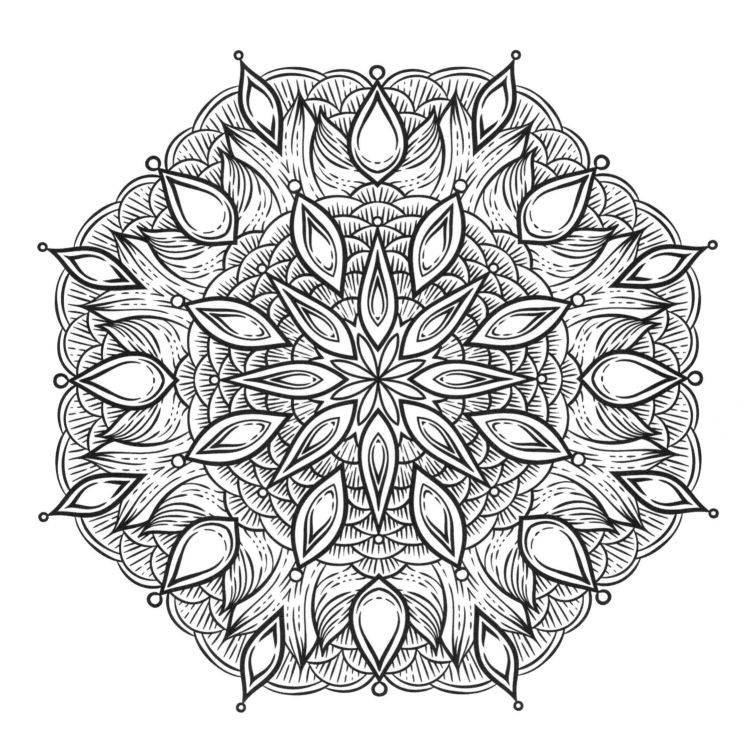

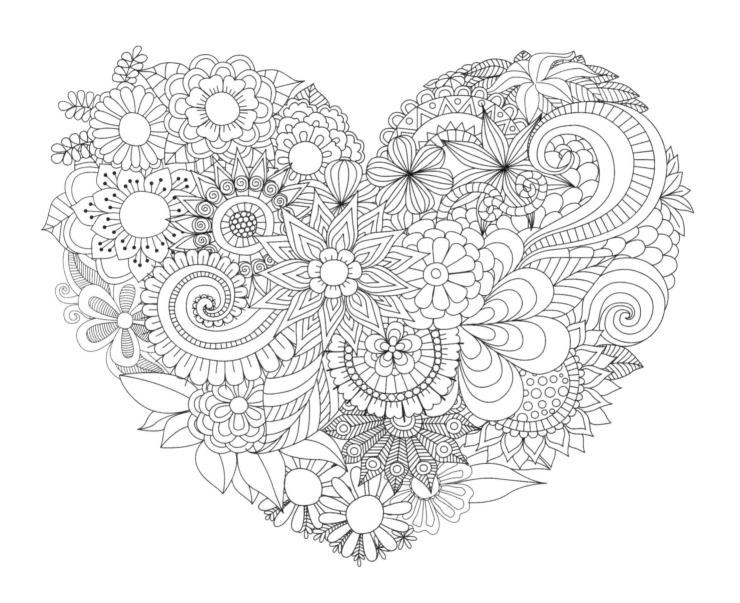

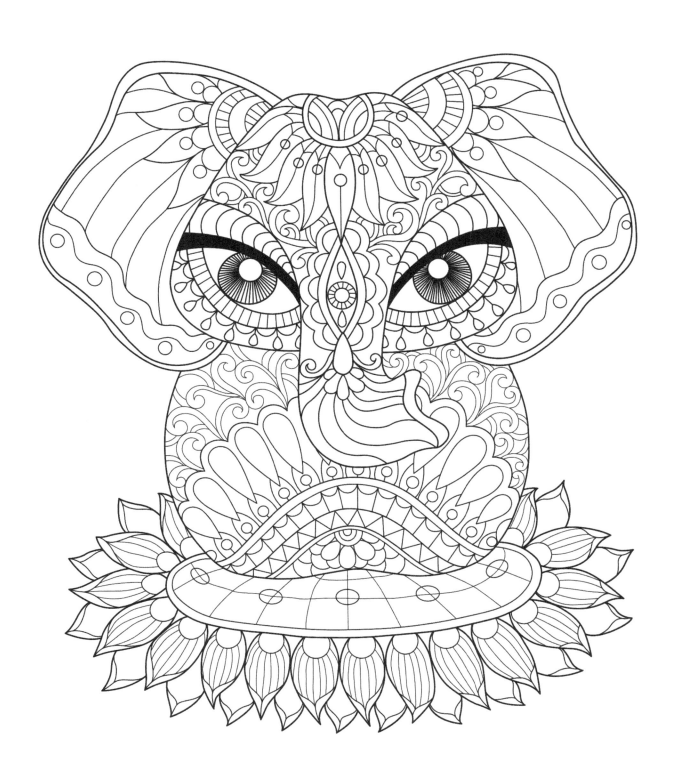

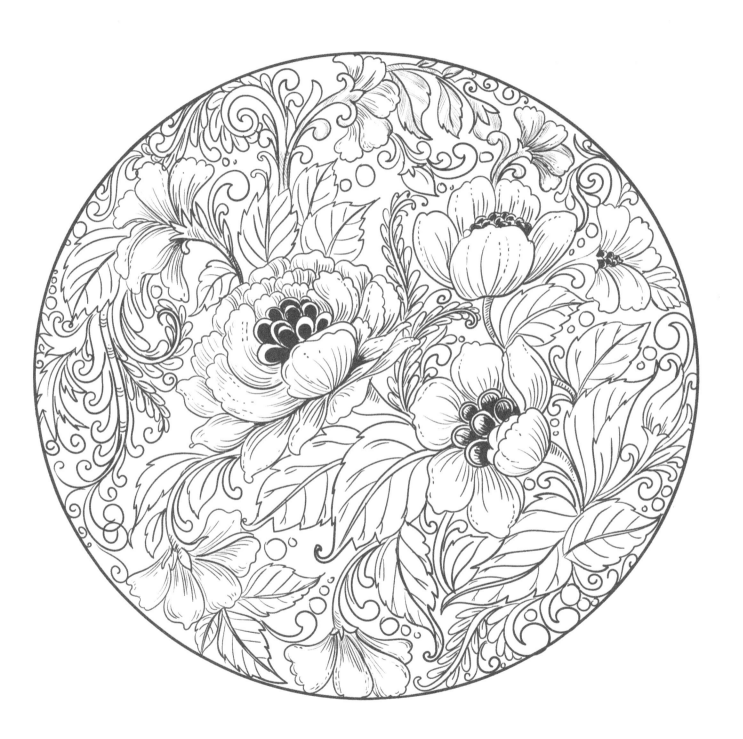

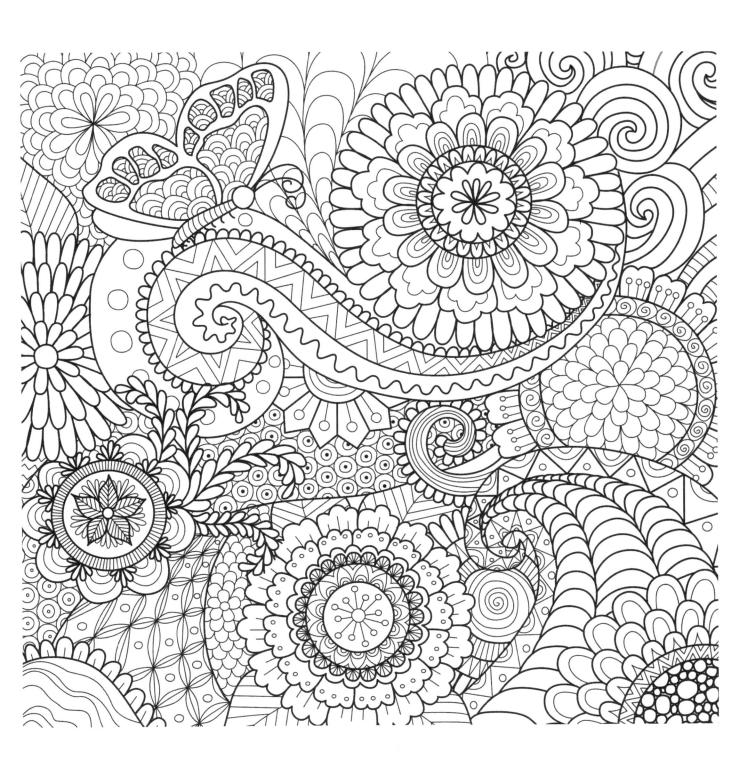

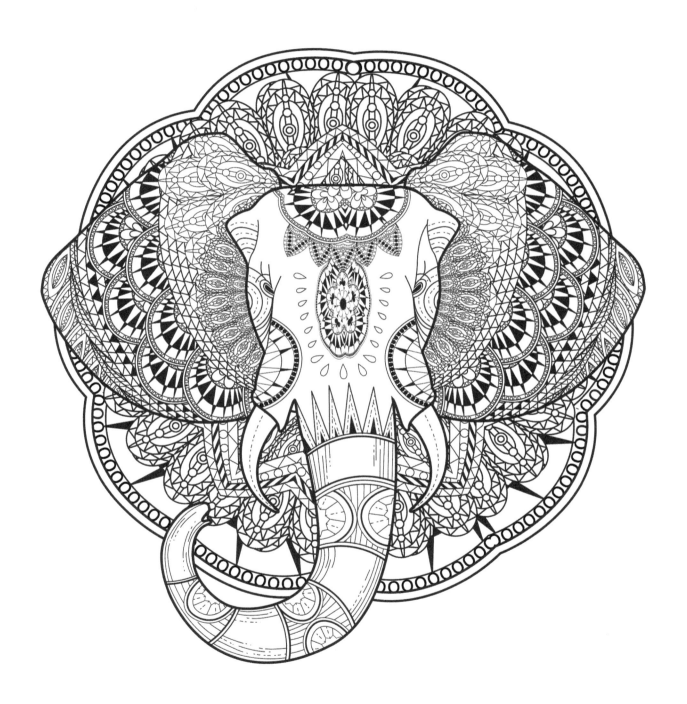

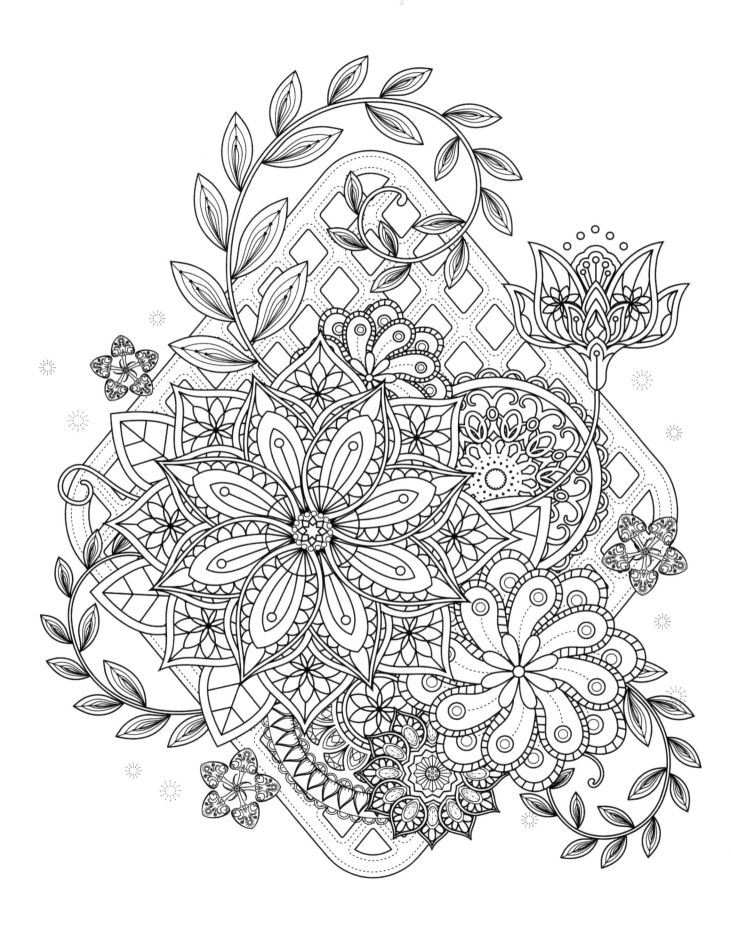

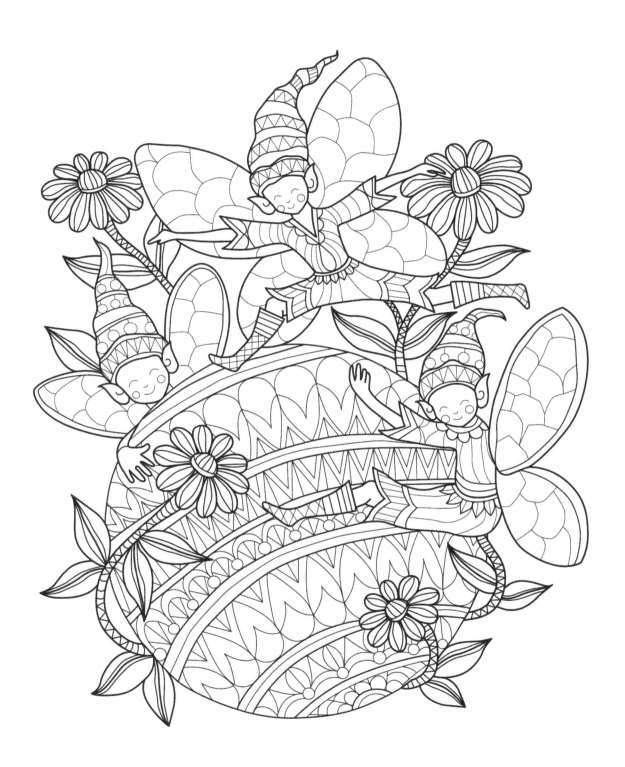

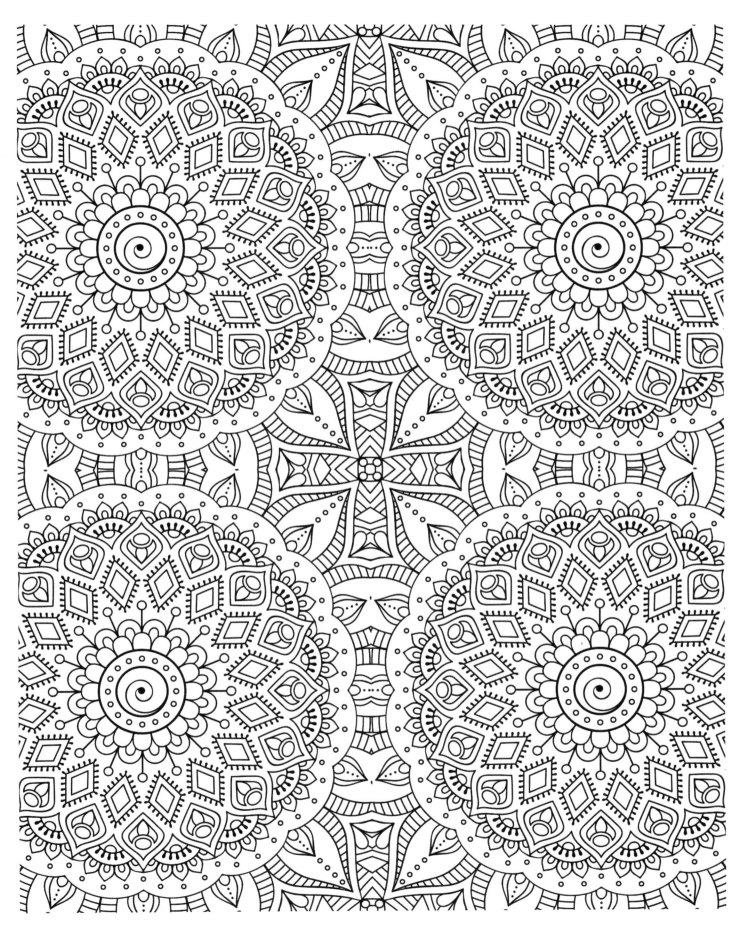

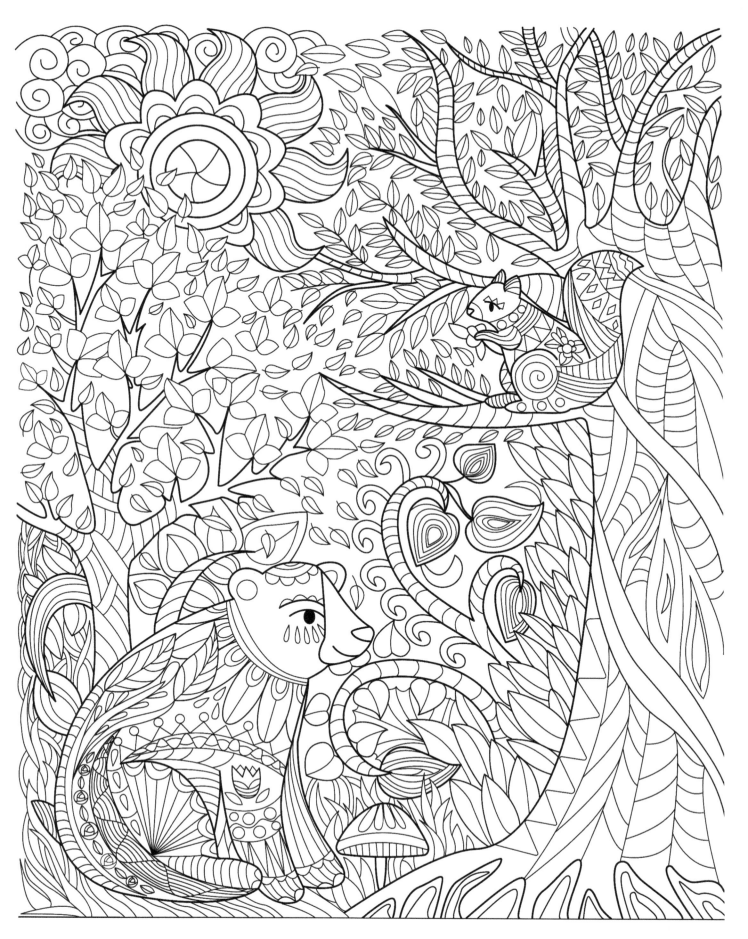

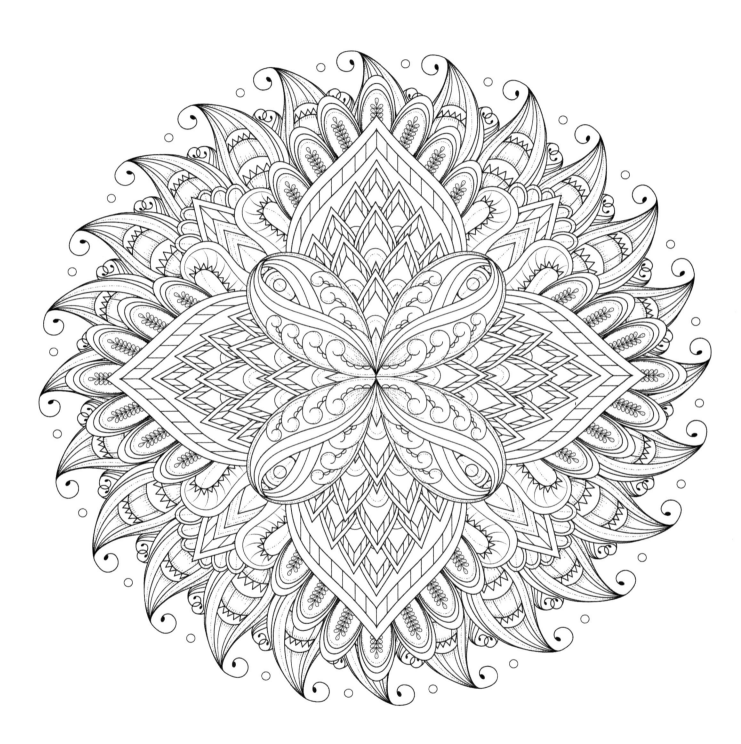

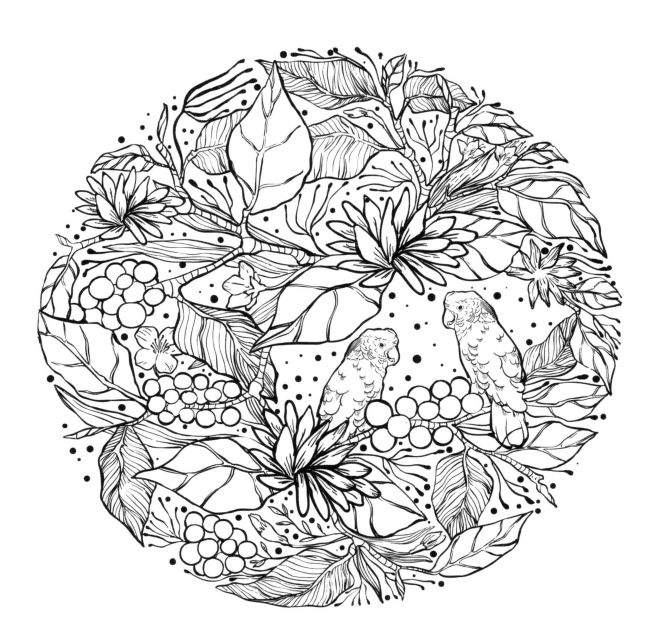

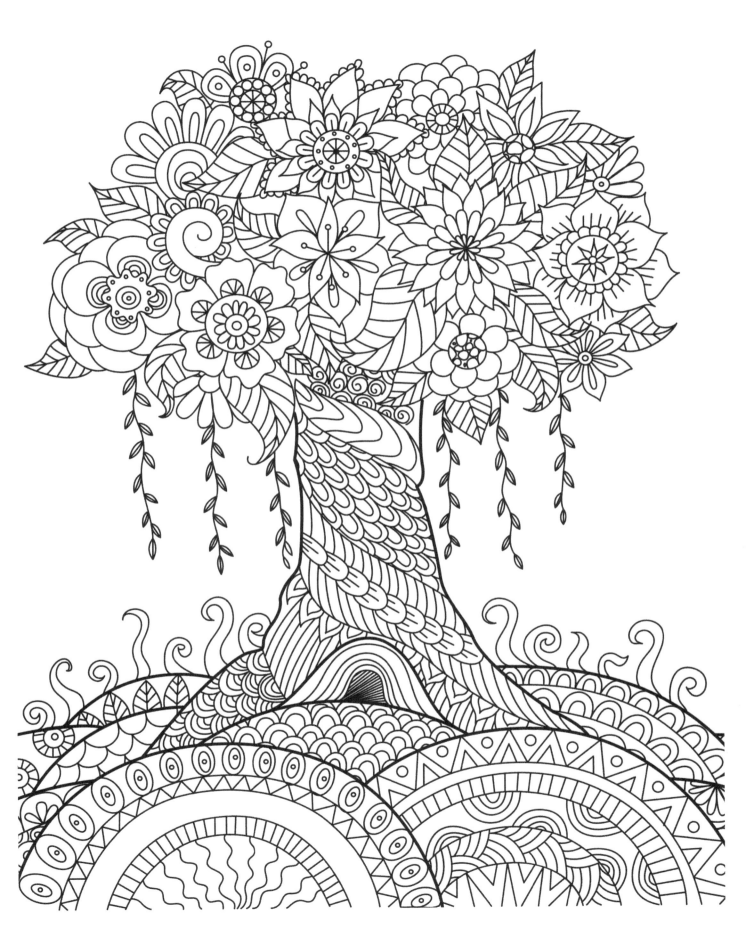

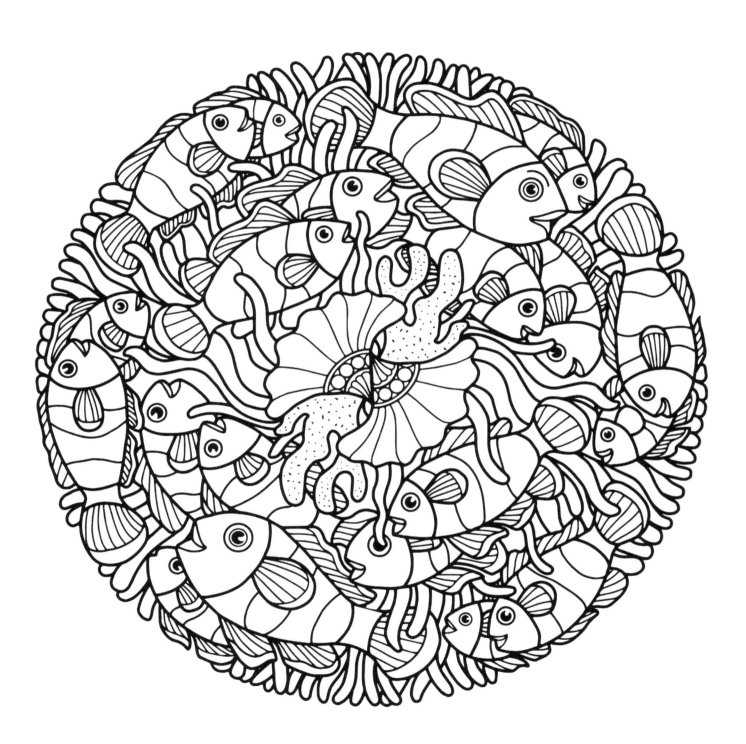

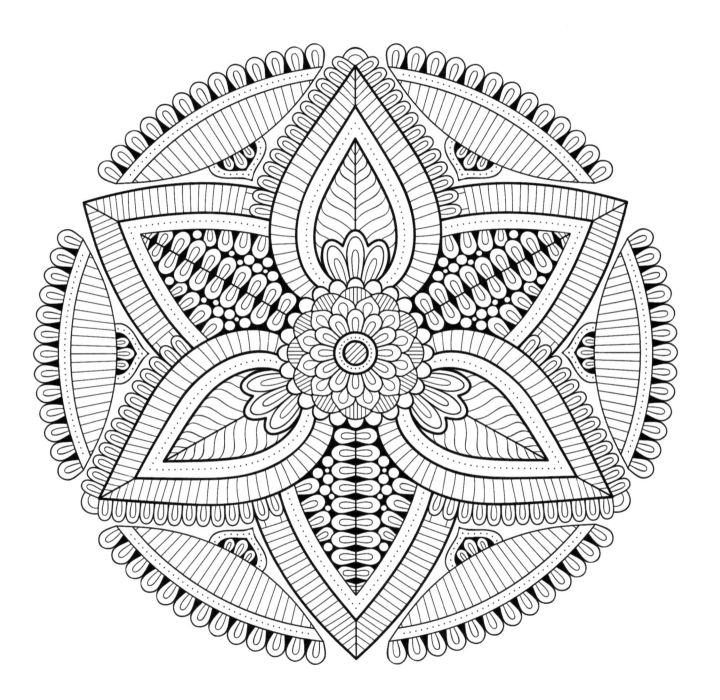

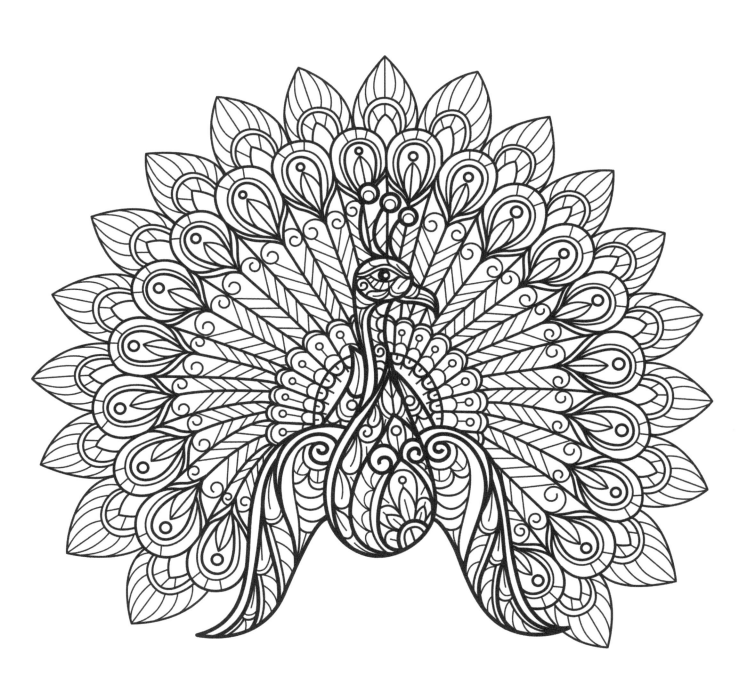

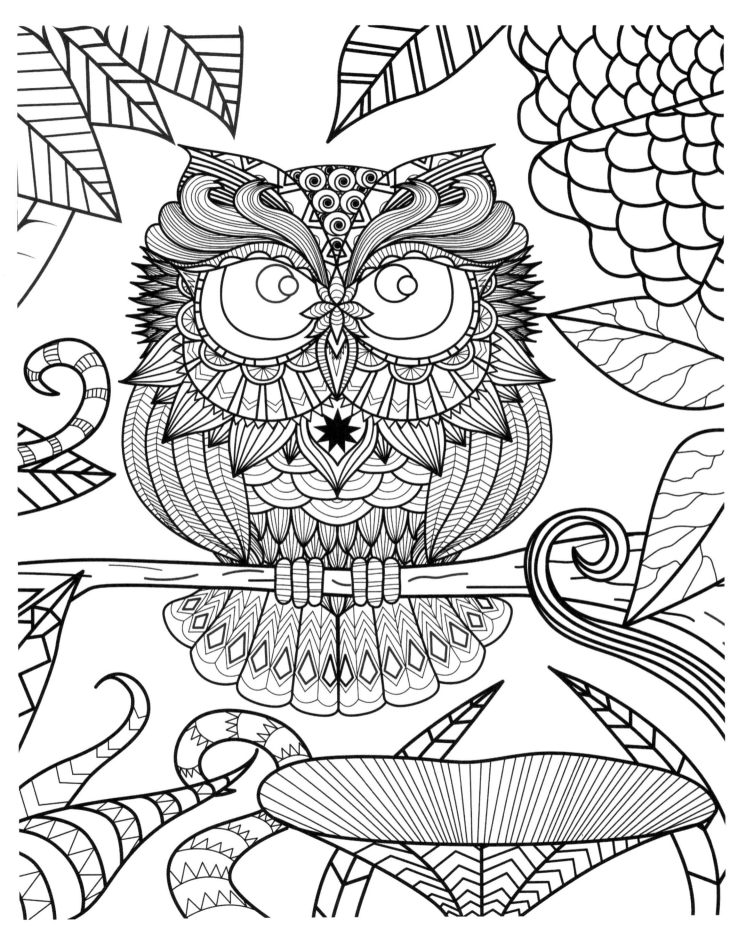

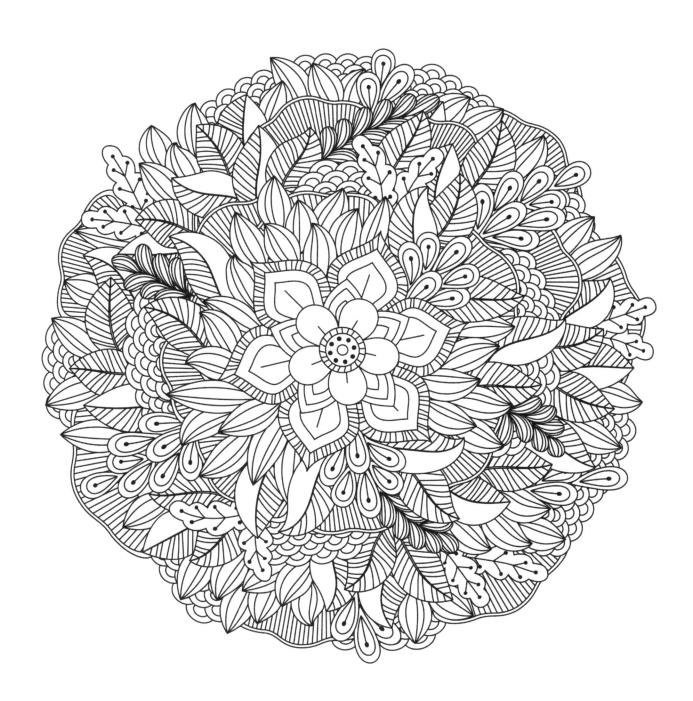

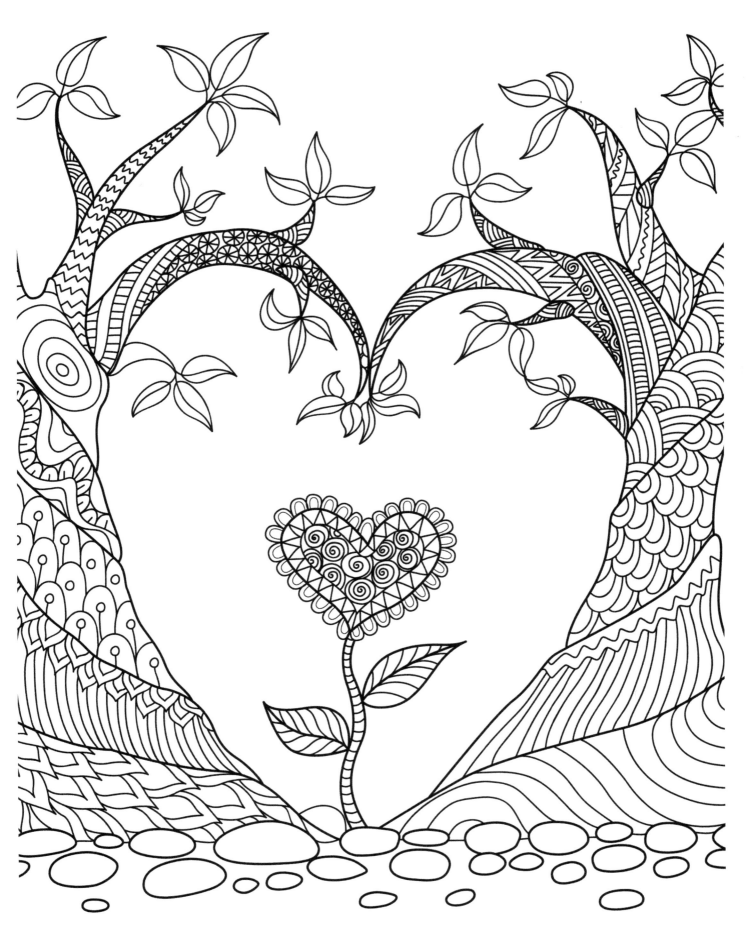

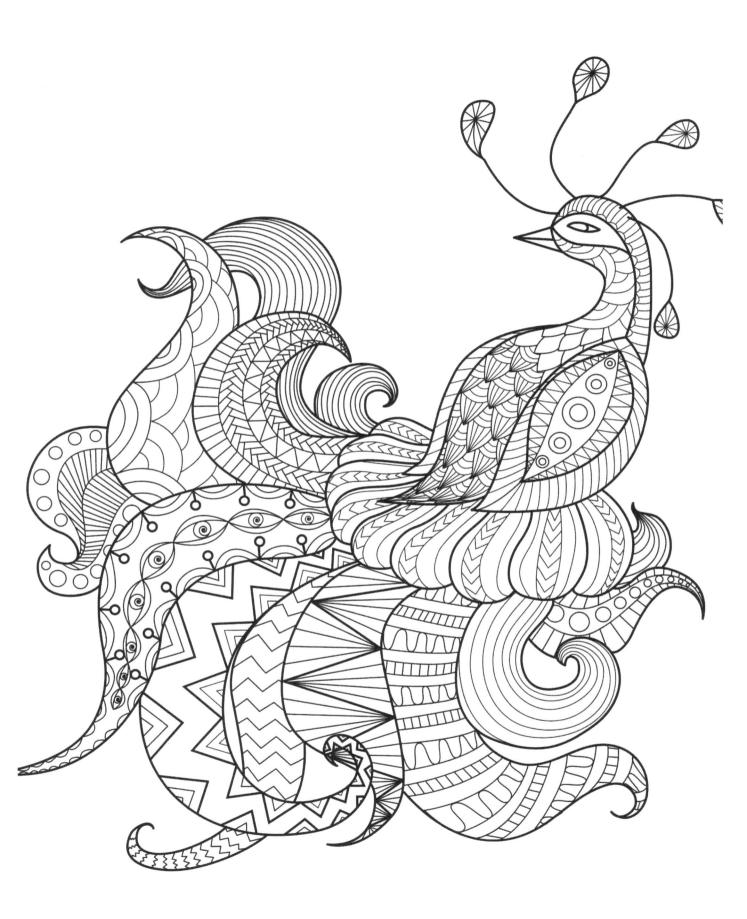

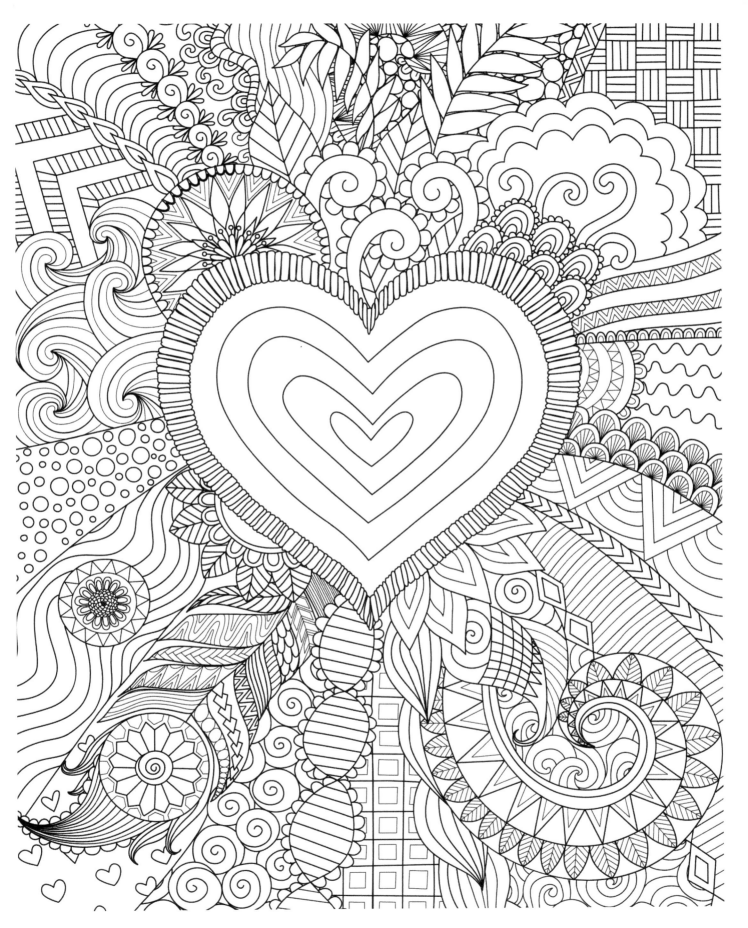

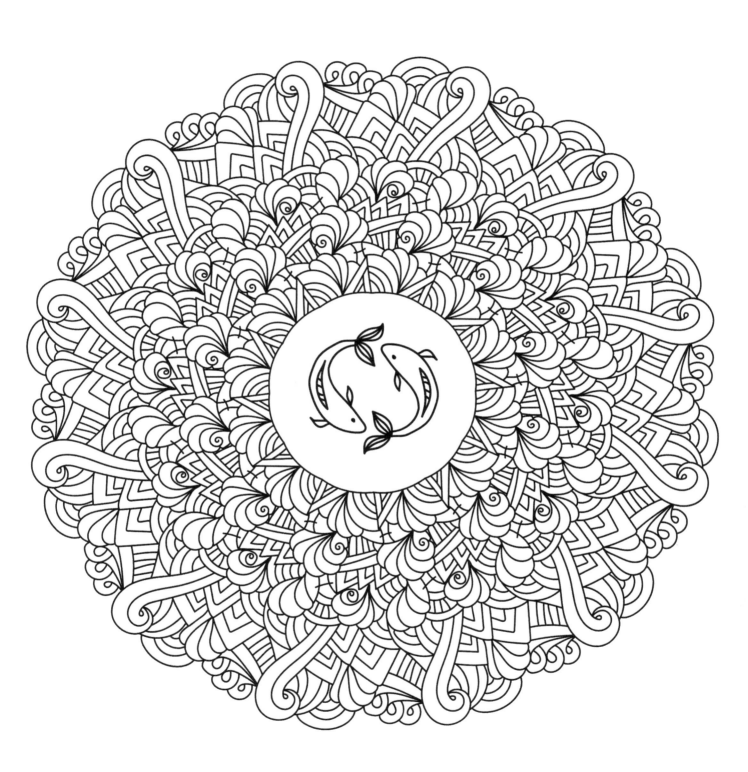

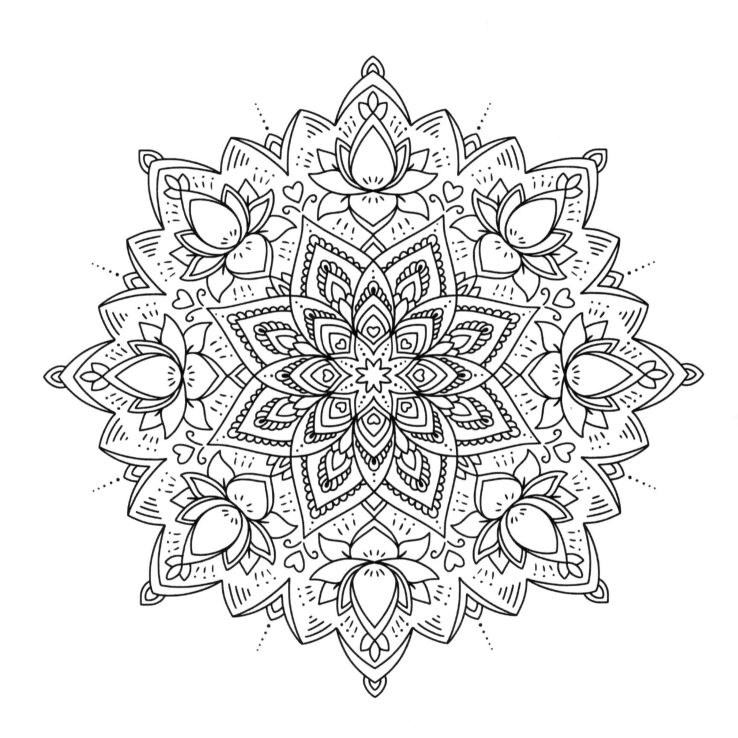

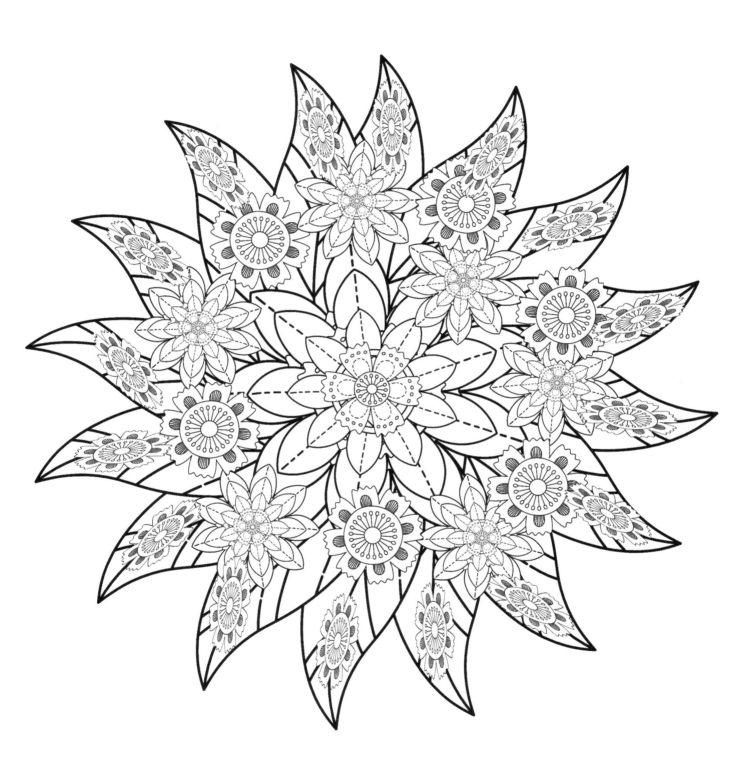

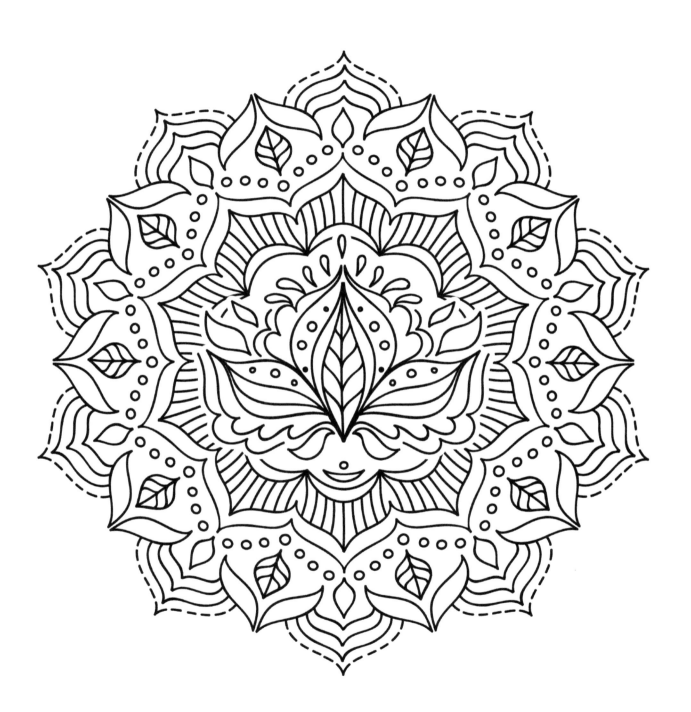

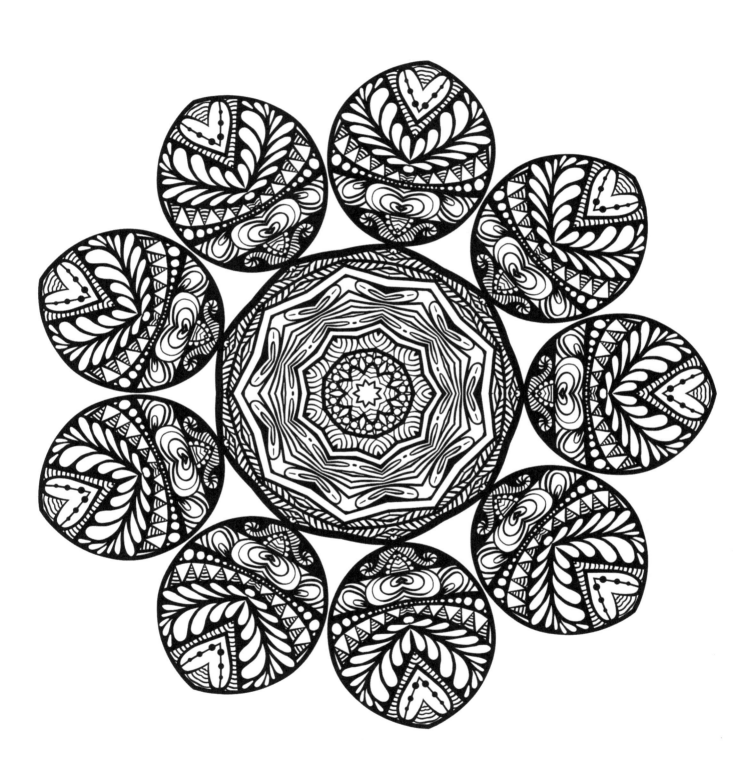

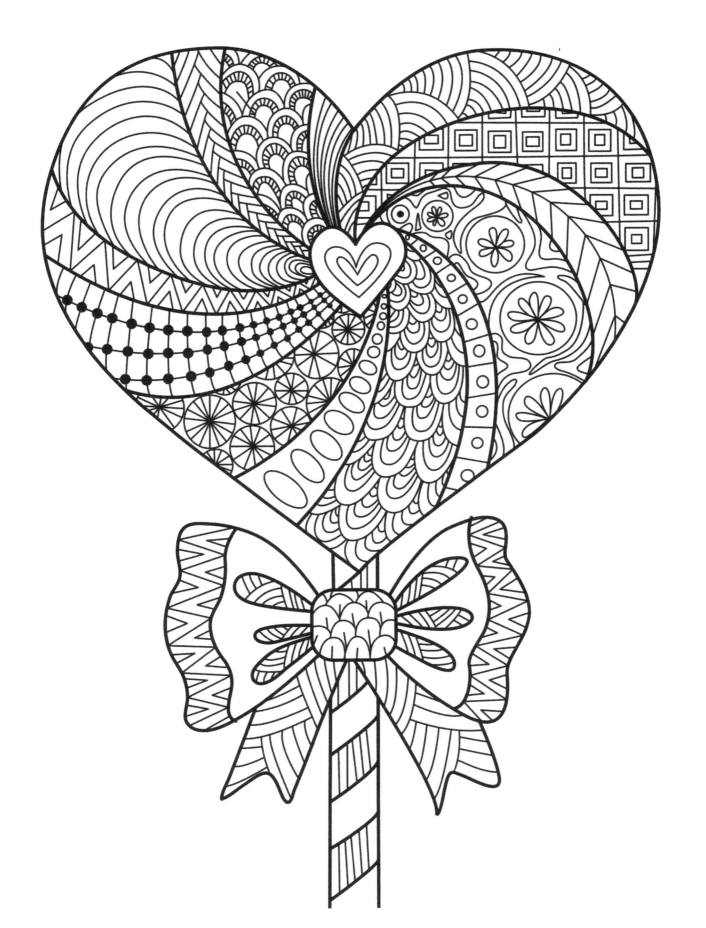

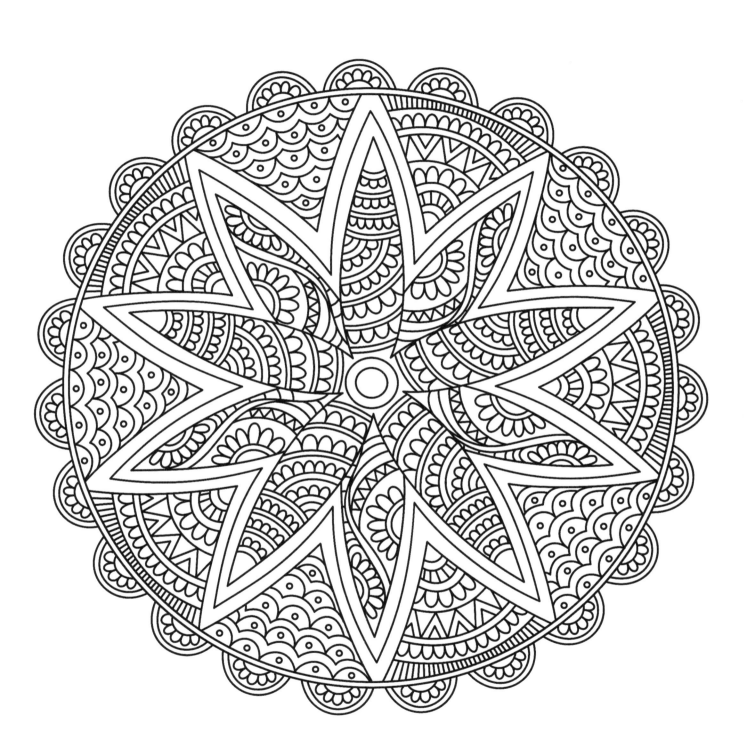

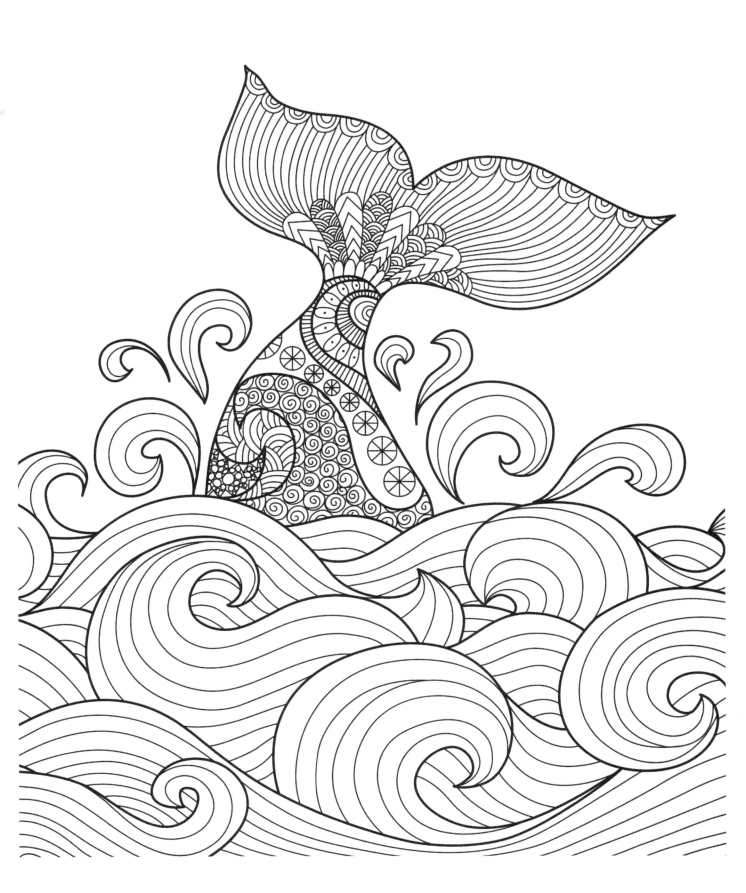

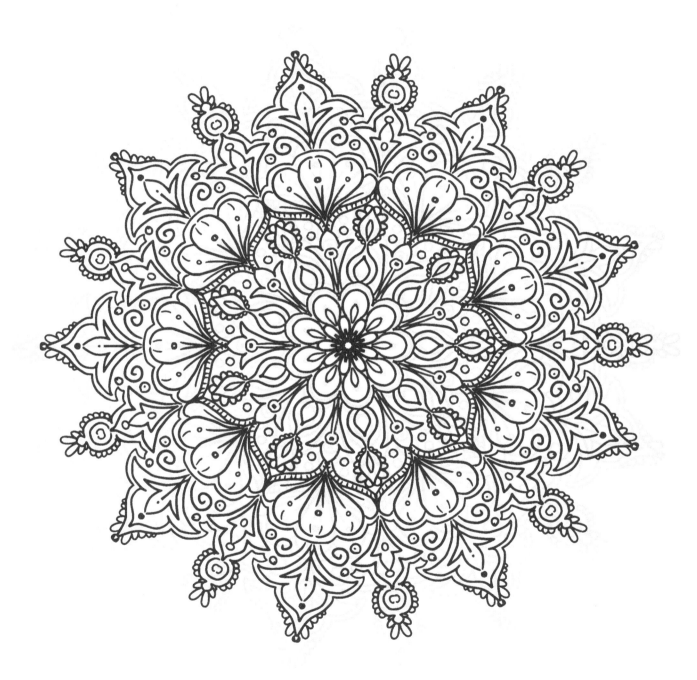

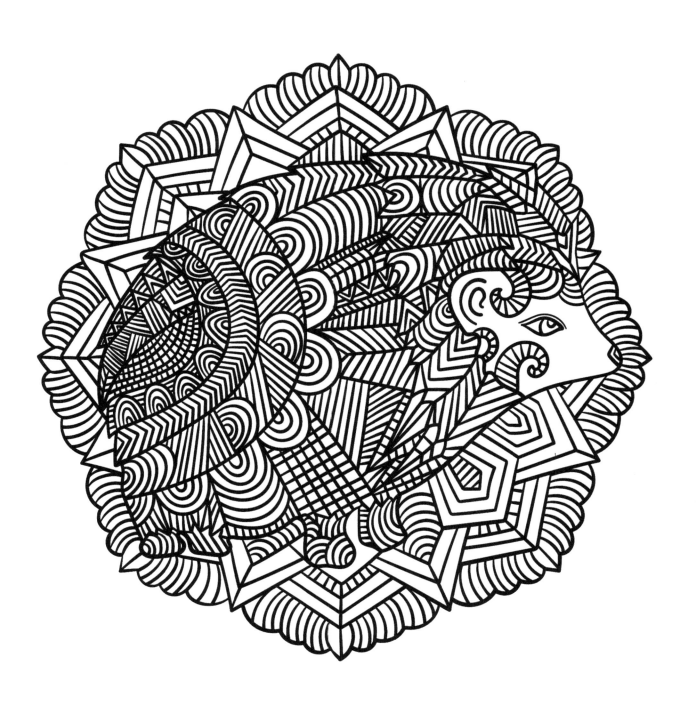

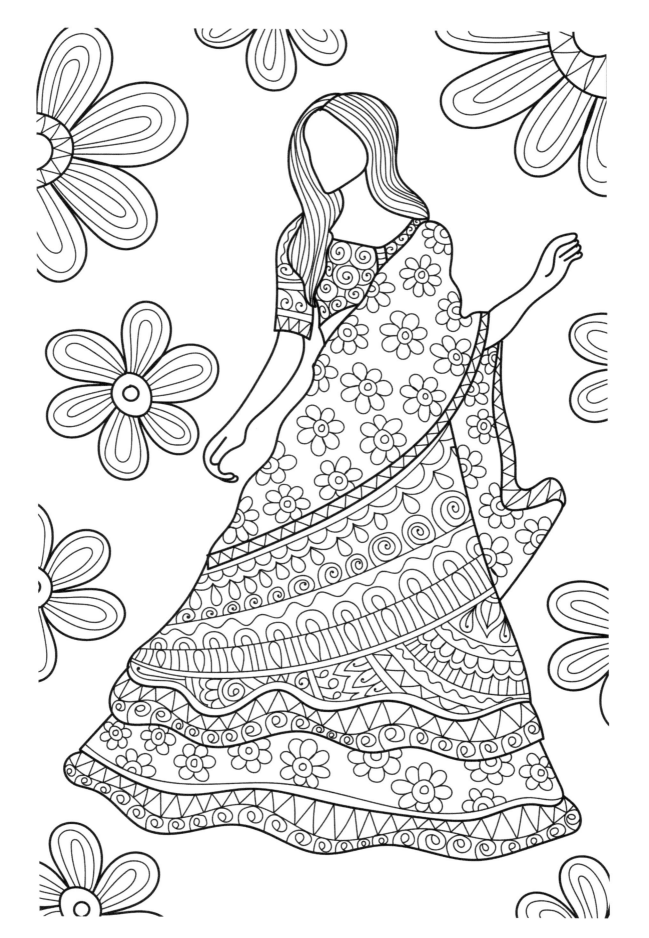

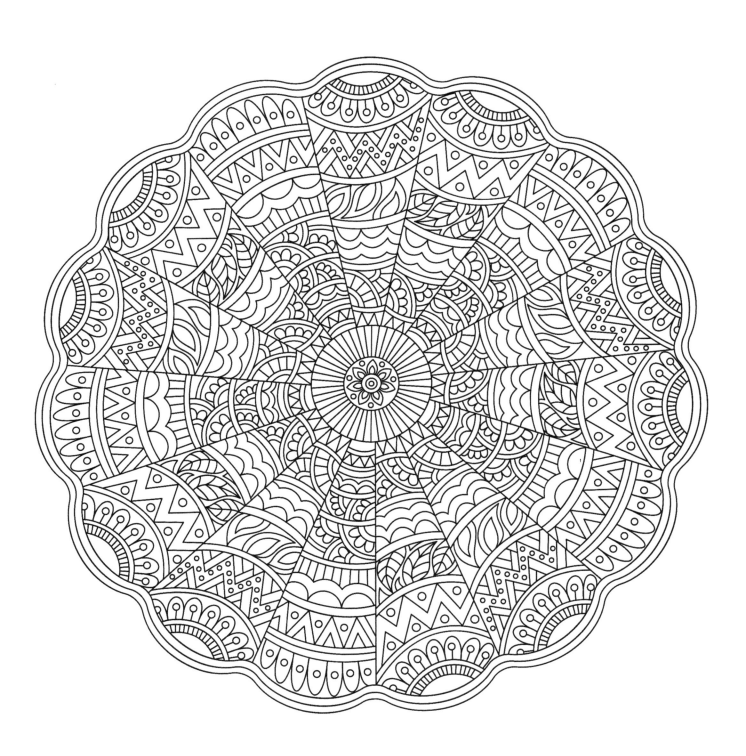

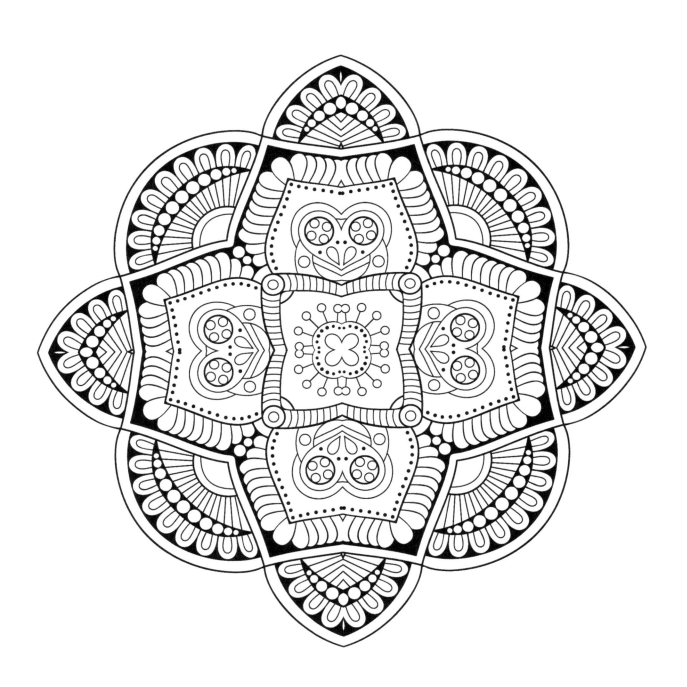

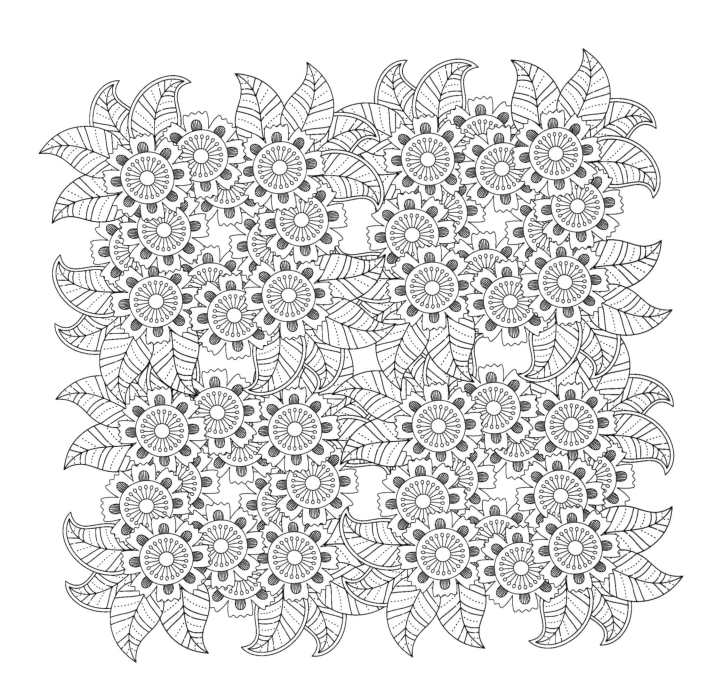

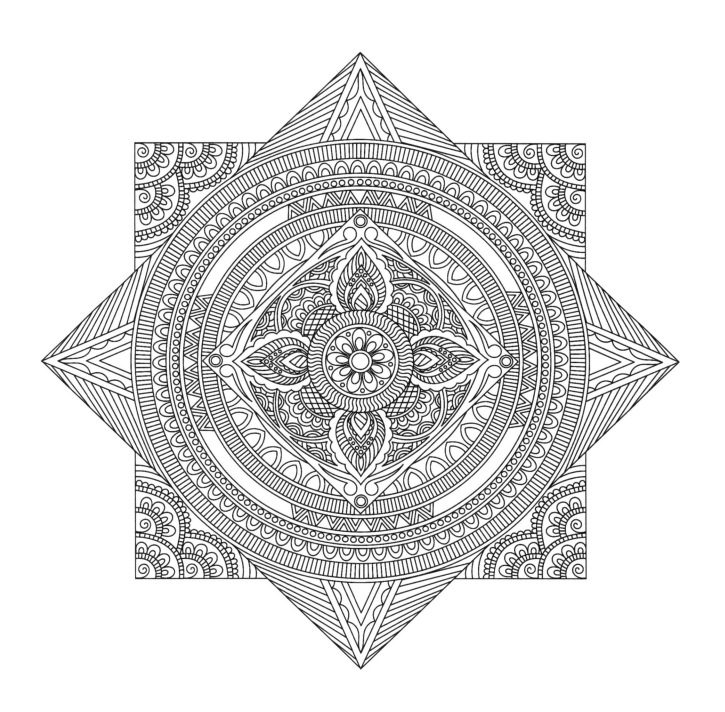

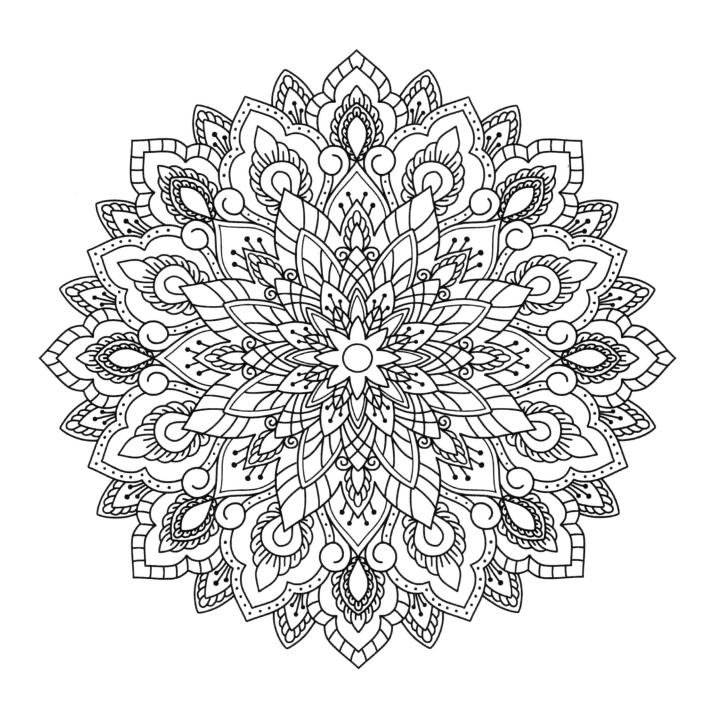

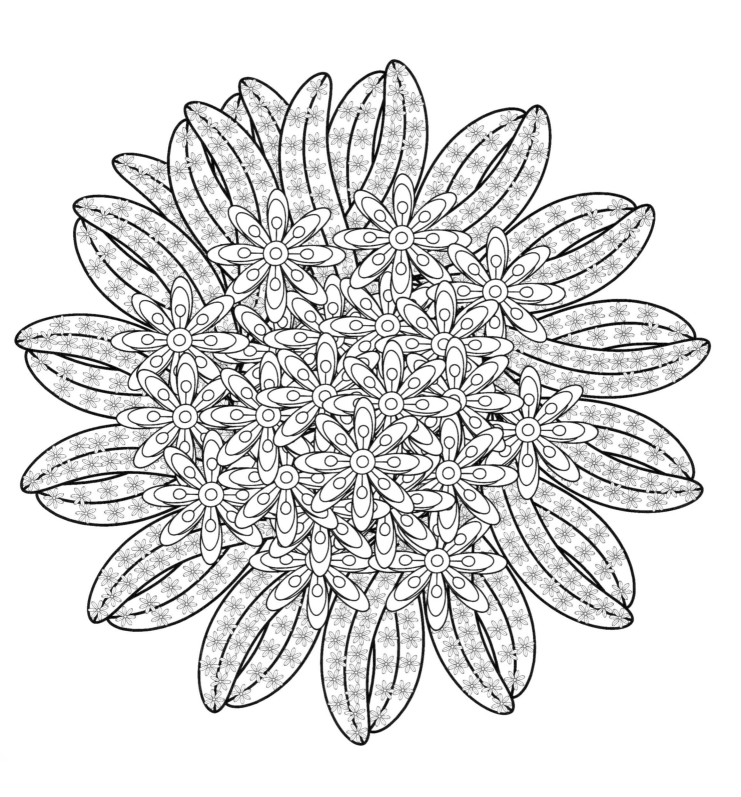

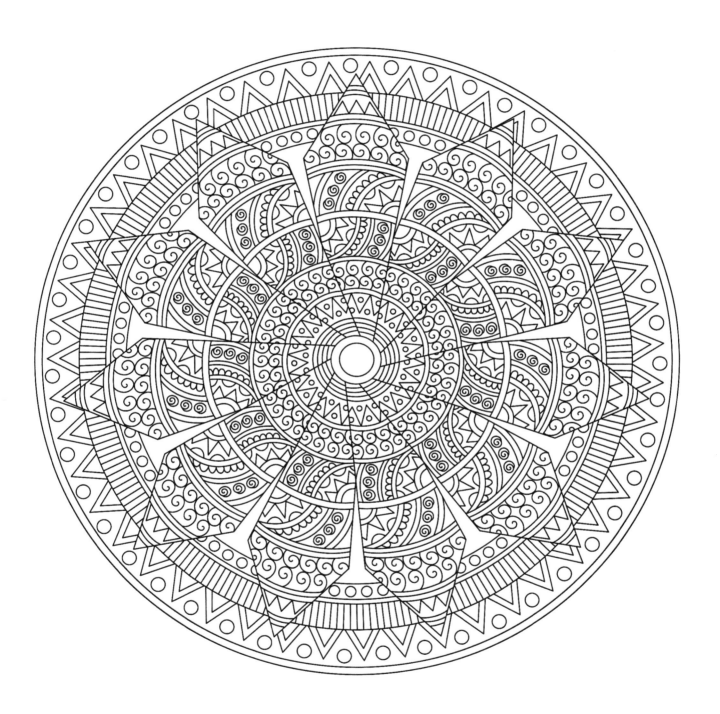

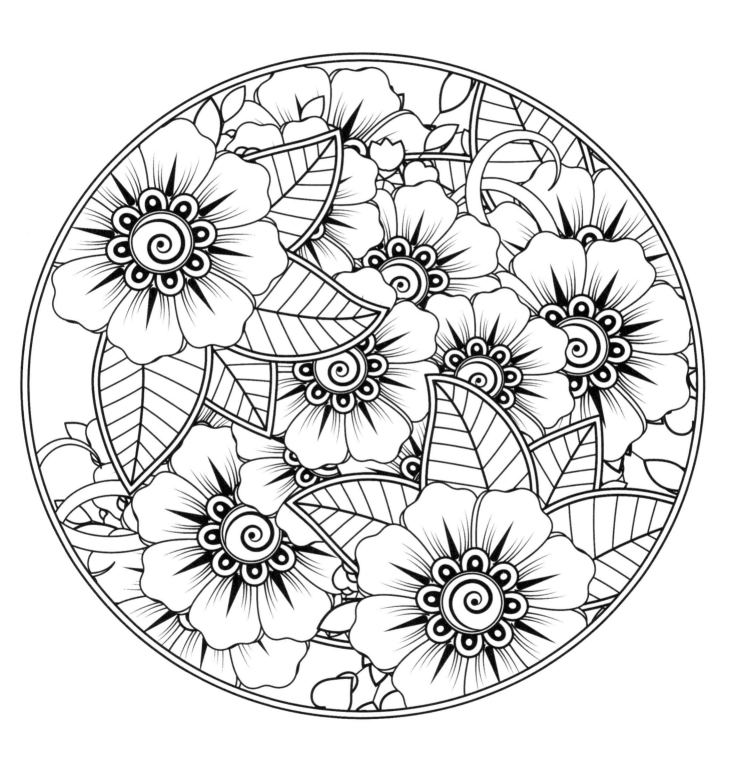

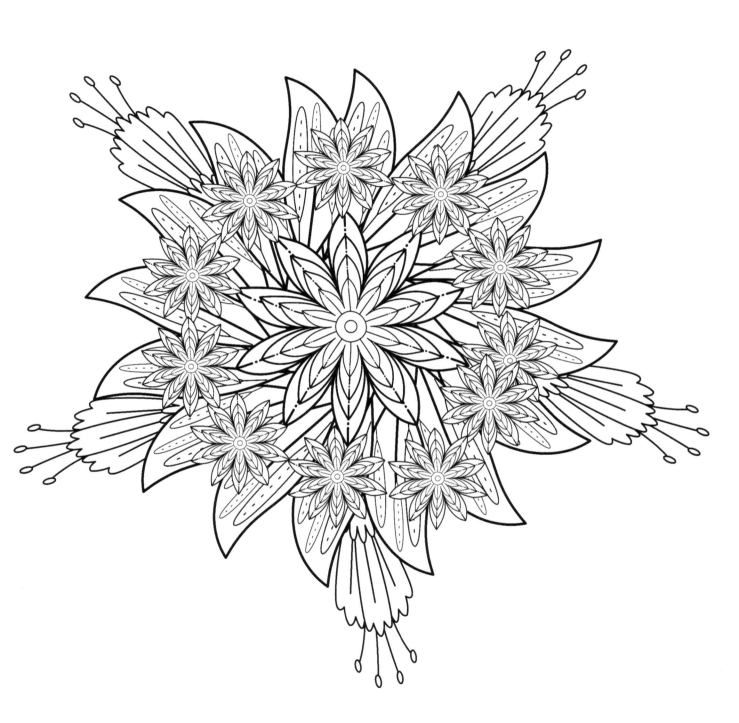

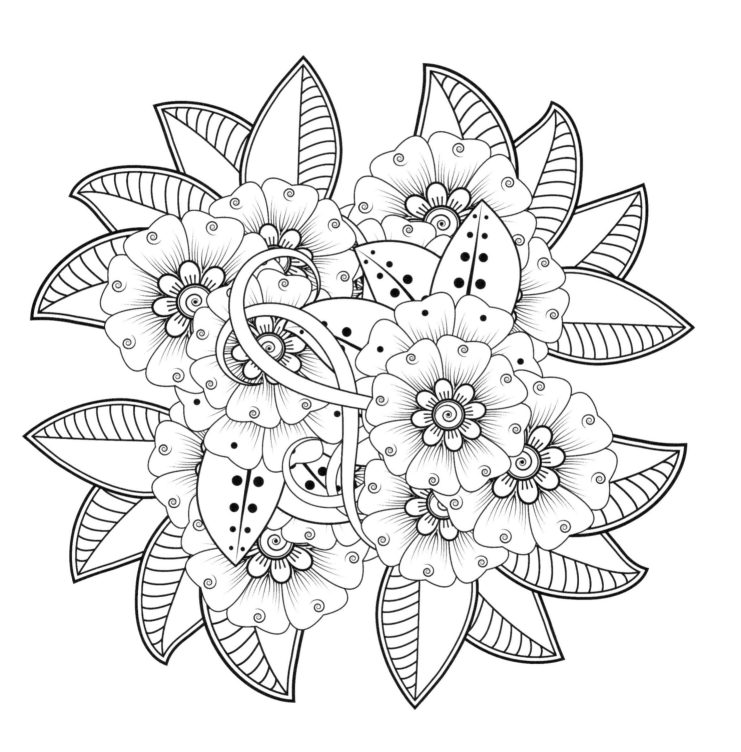

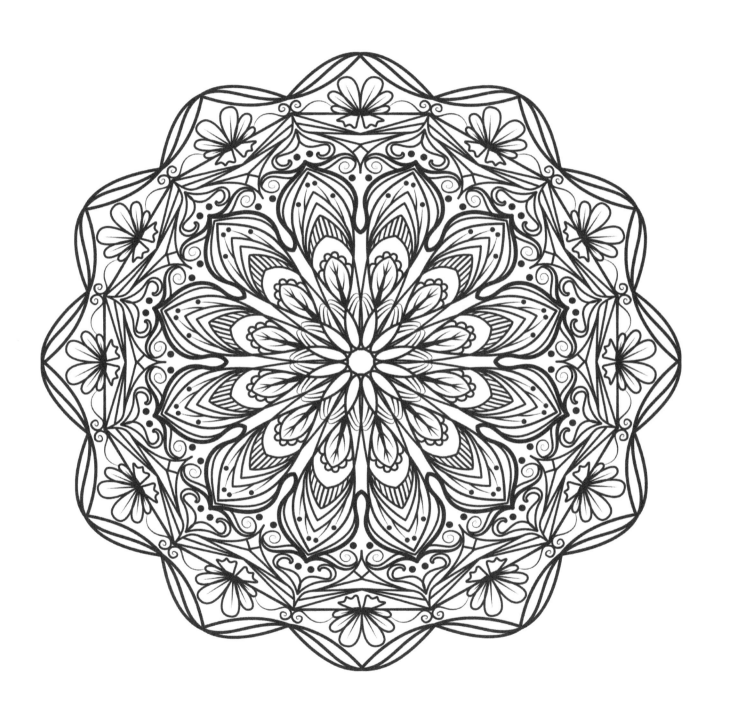

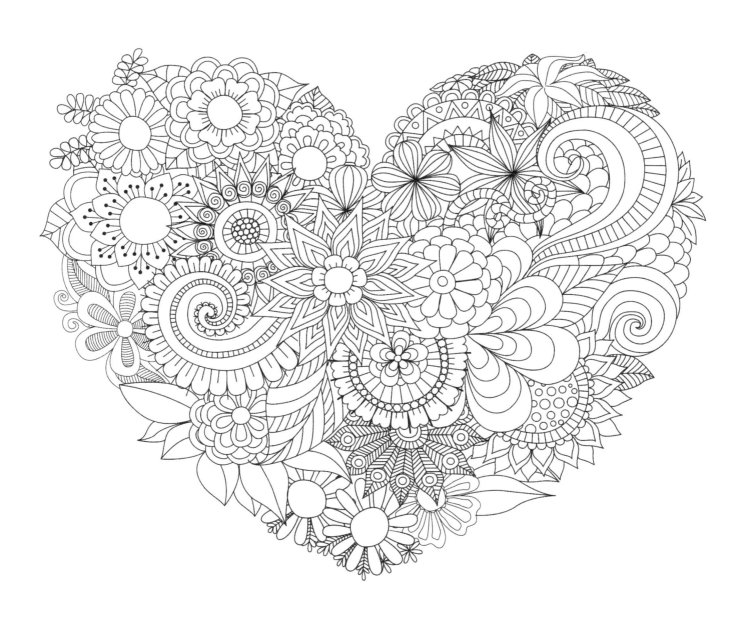

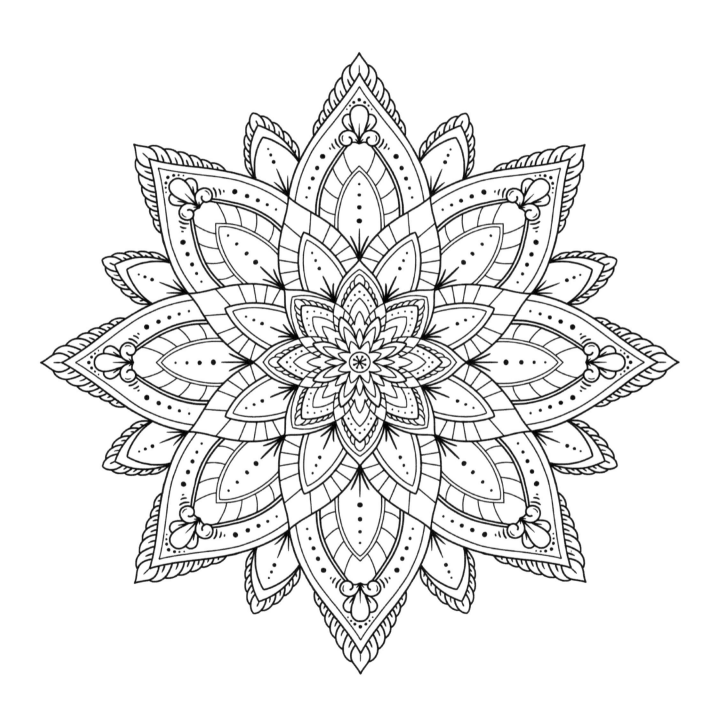

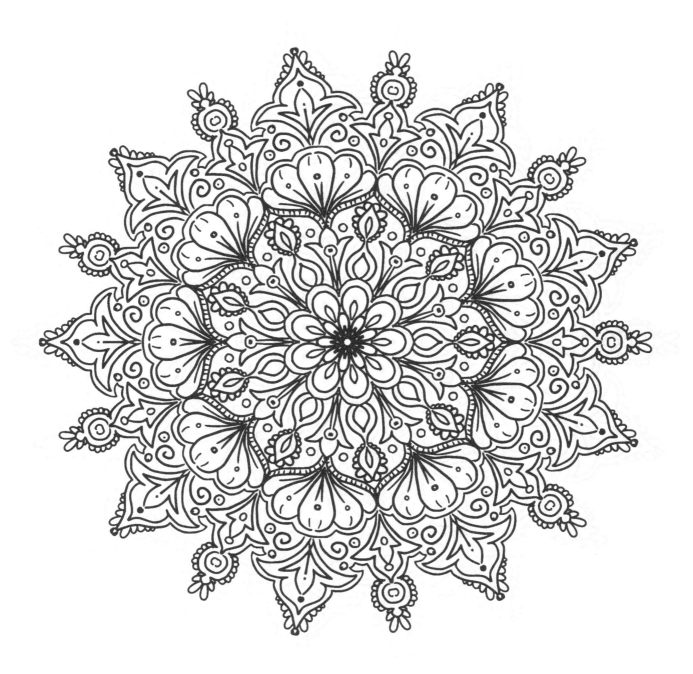

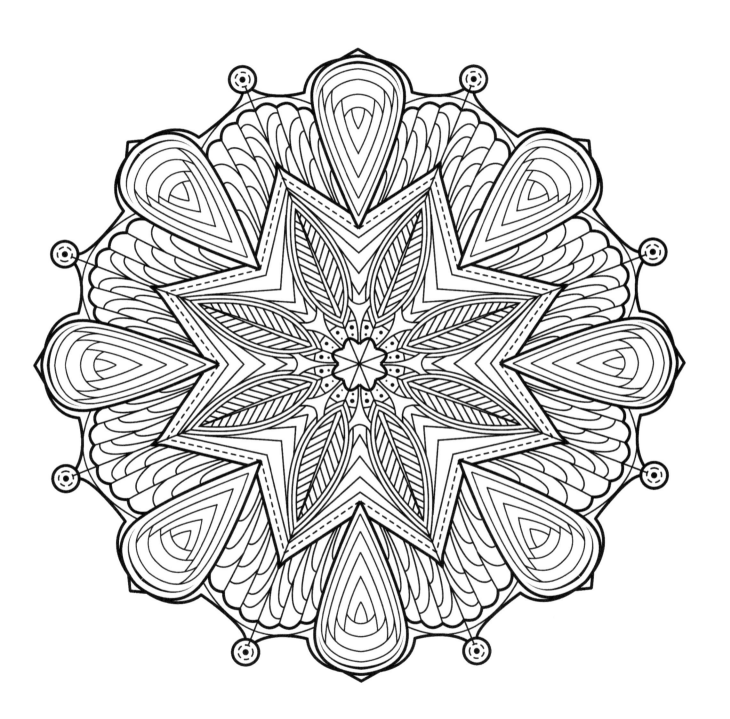

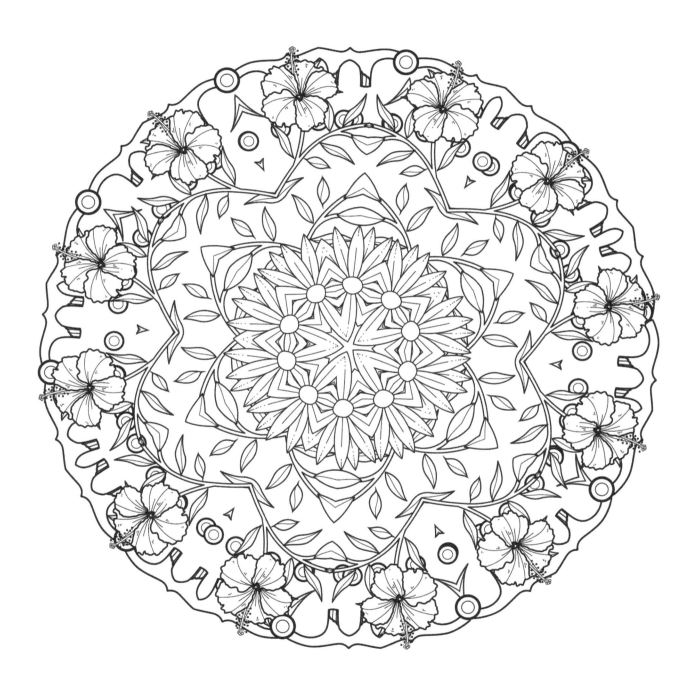

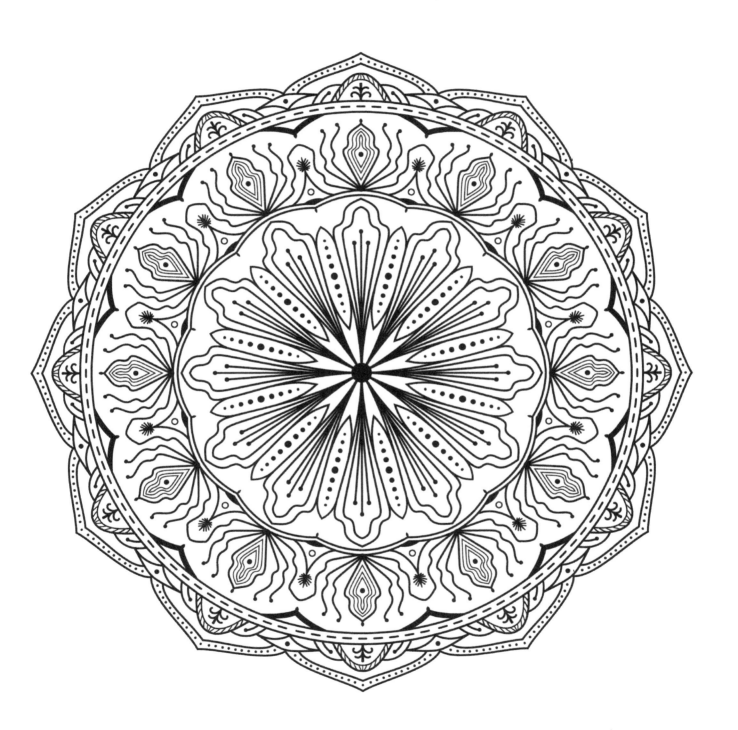

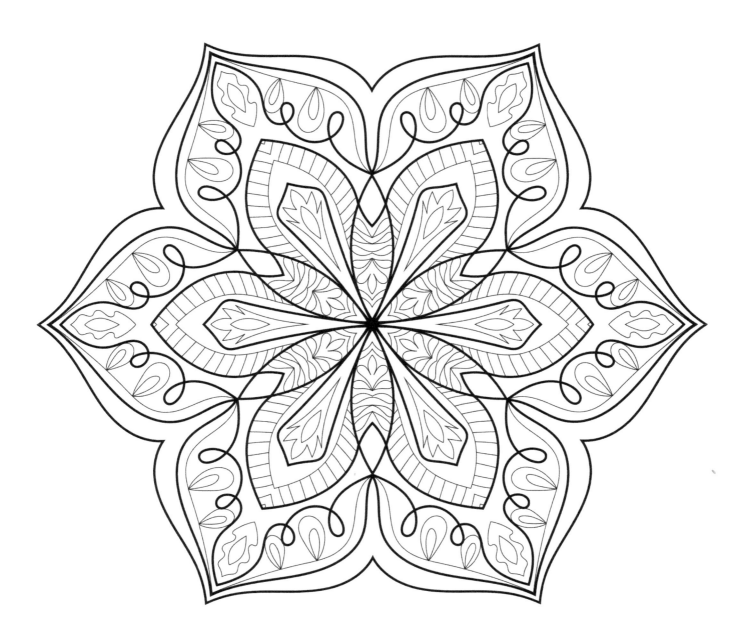

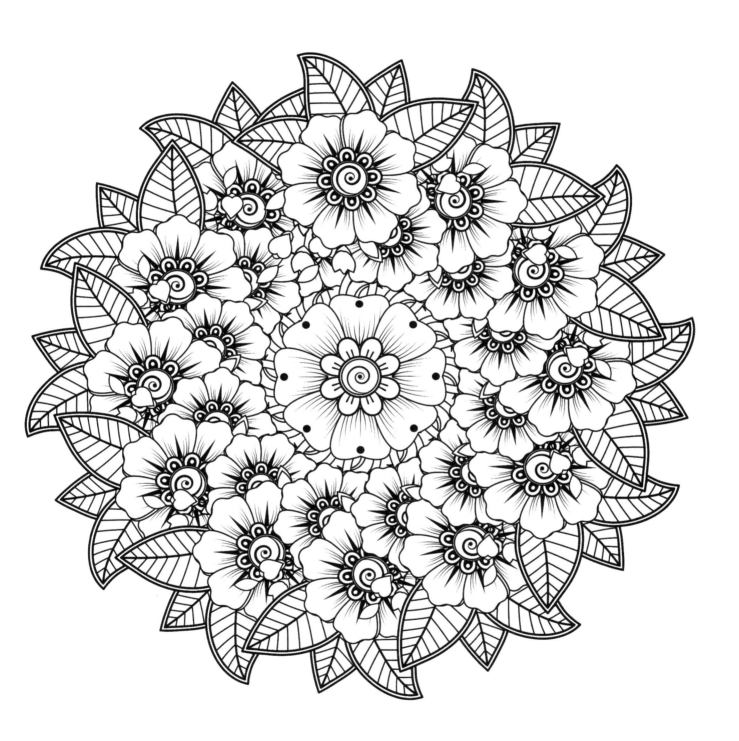

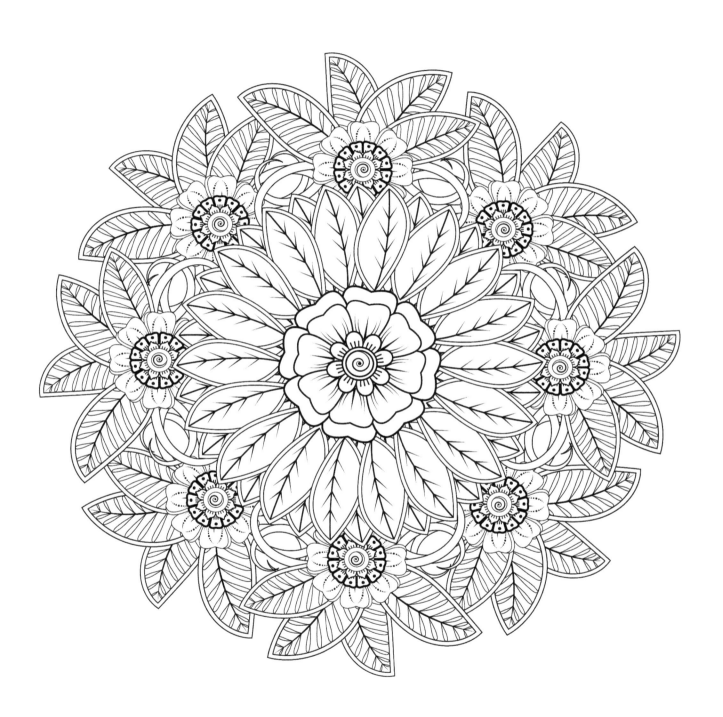

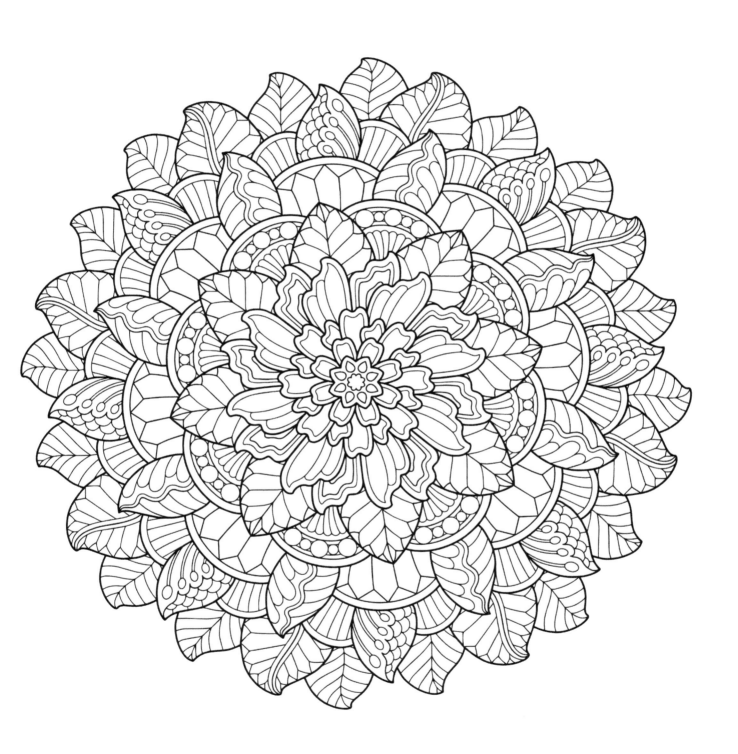

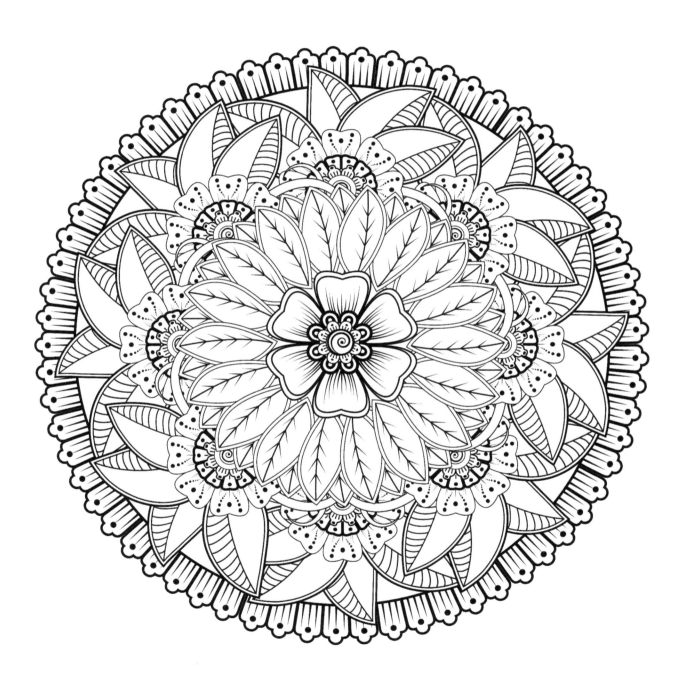

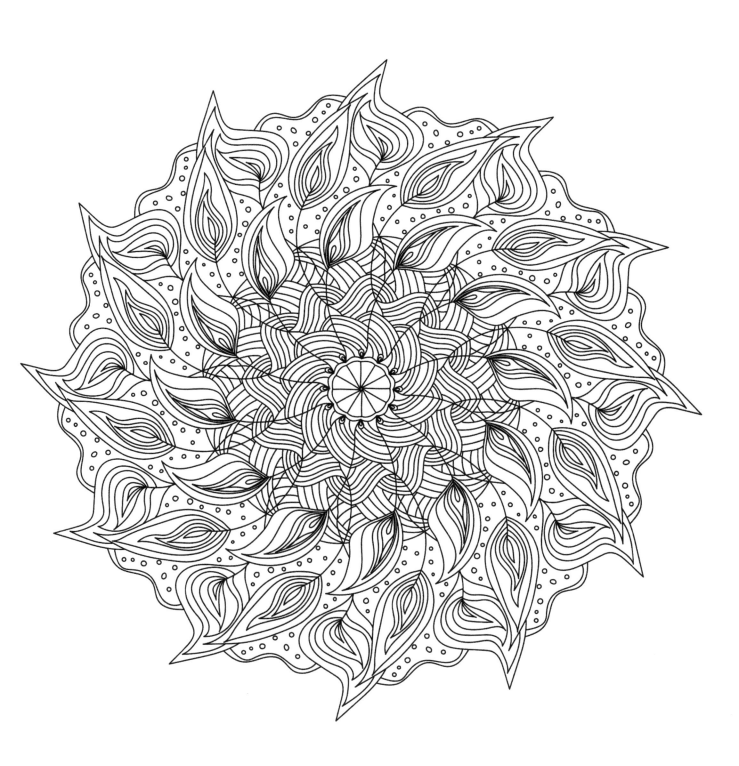

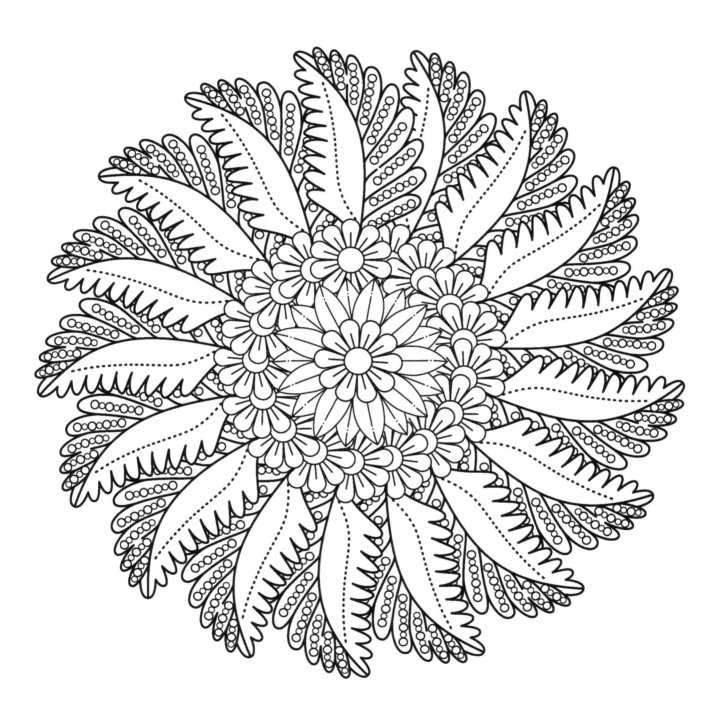

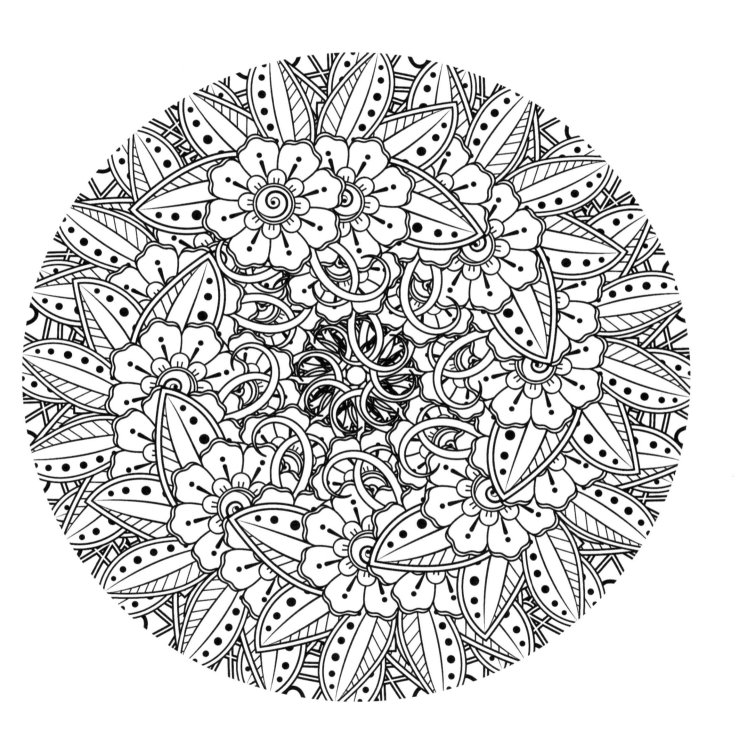

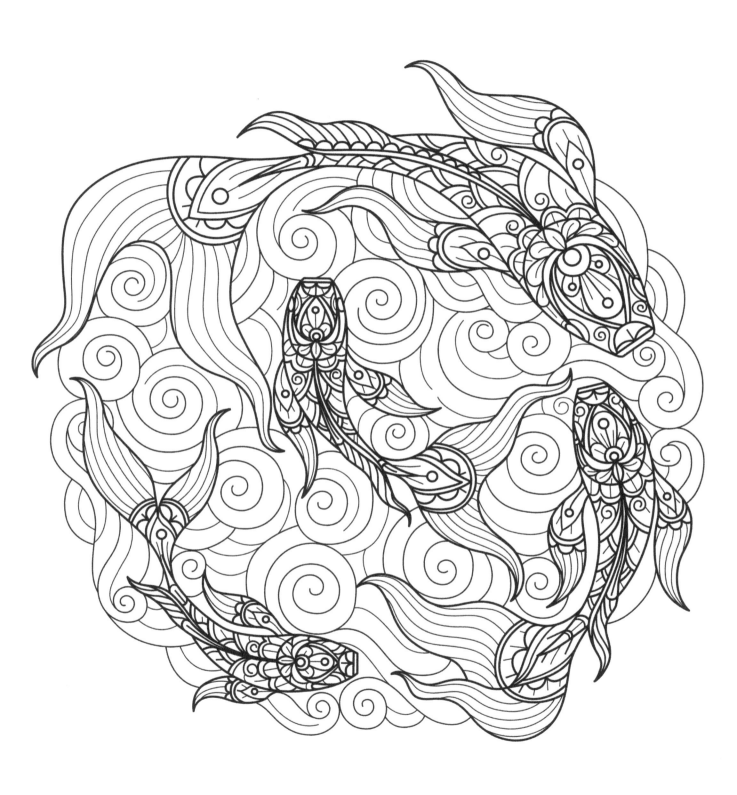

CPSIA information can be obtained
at www.ICGtesting.com
Printed in the USA
LVHW060602190723
752481LV00006B/119